KATIA BERNARDI

Die alten Damen und das Meer

GOLDMANN
Lesen erleben

Das Buch

Endlich einmal ans Meer fahren! – Dieser Traum bringt eine muntere Seniorinnentruppe aus einem kleinen norditalienischen Bergdorf dazu, ungewöhnliche Maßnahmen zu ergreifen. Die Damen sind um die achtzig, und ihre geselligen Treffen sind angenehme Höhepunkte der Woche. Nur die wenigsten von ihnen hatten bisher Zeit, Geld oder auch nur Gelegenheit zu einem Ausflug ans Meer. Viele kennen es lediglich aus dem Fernsehen oder von verblichenen Postkarten. Zum 20. Gründungsjubiläum des Seniorenclubs soll die Traumreise endlich Wirklichkeit werden. Da in der Vereinskasse Ebbe herrscht, müssen die Damen allerdings erst einmal das nötige Reisegeld sammeln. Als einige der Mut zum Abenteuer schon fast wieder verlässt, starten die unbeirrt Zuversichtlichen einen »Krautfanding«-Aufruf im Internet ... Eine wahre Geschichte mit Happy End.

Autorin

Katia Bernardi, in Trento geboren, hat in Bologna an der Filmhochschule studiert und arbeitet als Autorin und Regisseurin von Dokumentarfilmen. Realität und Traum, Wirklichkeit und Fantasie verbindet Katia mithilfe einer magischen Mütze, die ihr erlaubt, kleine unbeachtete Träume wahr werden zu lassen. Aus dem Trentino wollte sie gerne ans Meer ziehen. Katia Bernardi lebt heute mit ihrer Familie in Turin.

Katia Bernardi

Die alten Damen und das Meer

Aus dem Italienischen
von Sigrun Zühlke

GOLDMANN

Die italienische Originalausgabe erschien unter dem Titel
»Funne. Le ragazze che sognavano il mare« bei Mondadori, Mailand.

Dieses Buch ist auch als E-Book erhältlich.

MIX
Papier aus verantwor-
tungsvollen Quellen
FSC® C014496

FSC
www.fsc.org

Verlagsgruppe Random House FSC® N001967

1. Auflage
Deutsche Erstveröffentlichung Januar 2018
Wilhelm Goldmann Verlag, München,
in der Verlagsgruppe Random House GmbH,
Neumarkter Str. 28, 81673 München
Copyright © 2016 Mondadori Libri S.p.A., Milano
Copyright © 2018 der deutschsprachigen Ausgabe
by Wilhelm Goldmann Verlag, München,
in der Verlagsgruppe Random House GmbH
Redaktion: Antje Steinhäuser
Umschlaggestaltung: UNO Werbeagentur, München
Umschlagfoto: Simone Cargnoni | JUMP CUT
Satz: KompetenzCenter, Mönchengladbach
KF • Herstellung: kw
Druck und Einband: GGP Media GmbH, Pößneck
Printed in Germany
ISBN: 978-3-442-15934-5
www.goldmann-verlag.de

Besuchen Sie den Goldmann Verlag im Netz

Inhaltsverzeichnis

Für Caterina Luna
meine wunderbare Tochter
mit den goldenen Locken.

Für Davide
für diese Welt in der Hand
für zwei Entdecker-Orden
für unseren 5. August.

Für meine Mamma Grazia
und meinen Papa Sergio
den Trentiner des Jahres
jeden Jahres meines Lebens.

Für Bernie, den fliegenden Hund,
und die außerordentliche Gesellschaft
der gelben Mütze, für alle
Abenteuer, die wir zusammen erlebt haben.

Für einen Papa in den Sternen,
der uns da oben, »over the rainbow«,
jeden Abend gute Nacht sagt,
außer an den Abenden,
an denen er früher schlafen geht.
Wir wissen es, weil man ihn dann schnarchen hört.

Für die Frauen von Daone,
weil Träume kein Alter haben
und es nie zu spät ist, wirklich nicht.

Diese Geschichte spielt ein bisschen hier und ein bisschen da, zwischen dem Paradies und dem Friedhof, da drüben, da hinten auf der rechten Seite, am Ende der kleinen Straße mit dem vergoldeten Pflaster, direkt unter dem Schild »Märchen«.

Prolog

Ein Sommermorgen gegen Ende Juli

Es war einmal ein kleines, verlorenes Tal in den Bergen. Eines von diesen wilden Tälern mit hohen Bergen drumherum und Eiswänden, imposanten Staumauern und tiefen, kristallklaren Seen, in denen man hin und wieder einen Blick auf einen Fisch erhaschen kann.

Es war ein dermaßen raues Tal, dass sich bisher nur selten Touristen bis hier herauf verirrt hatten. Nur ein paar Abenteurer hatten den Aufstieg gewagt, weil eine Legende besagte, dass in diesen eisigen Bergen die Träume der schönen Seelen bewahrt würden.

Genau da, am ersten See, rechts neben dem kleinen Kirchlein mit der Statue der Madonna della Neve, gab es einen geheimen Durchgang in den Berg hinein. Durch die immensen Schneemengen war er zwar meist verschlossen, doch dieser außergewöhnlich warme Sommer hatte den Zugang freigeschmolzen.

Einige jener Abenteurer schworen, eine Gruppe Frauen in diesen geheimen Zugang hineinschlüpfen gesehen zu haben.

Und genau da beginnt unsere Geschichte.

Die Geschichte der Frauen, die Geschichte ihrer Reise und ihres Traums. An einem Morgen jenes Sommers, gegen Ende Juli.

AUGUST

Der »Rhododendron«

An jenem Augustmorgen lag die Außentemperatur bereits bei 20 Grad. Hier oben blieb es auch im Sommer immer etwas kühl.

Wie jeden Mittwochmorgen nahm das Leben in Daone, dem kleinen Bergdörfchen von fünfhundertachtundachtzig Seelen, das sich an den Grund des wilden Tals schmiegte, irgendwie ein wenig außerhalb von Zeit und Raum, seinen gewohnt gemächlichen Gang auf.

Wie jeden Mittwoch bereitete Marcello, der Metzger, seine berühmten Würste zu, der Bäcker verteilte die Angelscheine für die Sportangler, der Ladeninhaber stellte das Schild mit den Angeboten der Woche nach draußen, die Frisörin Sonia legte Vitalina die Haare, und Valeria, die Köchin des Ristorante La Valle, bereitete ihre berühmten Hirschkoteletts mit Preiselbeeren vor.

Und wie jeden Mittwoch wurde die träge Stille vom lauten, klaren Ausrufen einiger Zahlen unterbrochen: »12, 4, 32, 77.«

Die Abenteurer, die ins Tal vorgedrungen waren, und jeder andere, der sich in Daone hätte orientieren wollen, hätten nur dem sonoren Klang dieser Stimme folgen müssen, um ins Zentrum des Dorfes zu gelangen, ans Rathaus, wo der »Rhododendron« seinen Sitz hatte, das schlagende Herz unserer Geschichte.

Daone verfügte über vier bedeutende Orte: die Kirche, die dem strengen Pater Artemio unterstellt war, den Friedhof und den Glockenturm, über die Carletto, der Küster, herrschte, das Ristorante La Valle, das von der Köchin Valeria geführt wurde, und den Seniorenclub »Rhododendron«, dem unangefochten die stets wiedergewählte Präsidentin Erminia Losa vorstand und den sie mit eiserner Faust regierte.

Im Zeichen einer leuchtend violetten Bergblumenblüte rühmte sich der »Rhododendron« nun schon zwanzigjähriger Vereinsarbeit und zählte hundertfünfundzwanzig Mitglieder, überwiegend Frauen. Die Hauptbeschäftigungen: Briscola und Lotto spielen, Gesellschaftstanz, und natürlich gab es im Sommer in rauen Mengen Cedrata, Zitronenlimonade, und heiße Schokolade im Winter. Die Höhepunkte des Jahres: das jährlich stattfindende gemeinsame Essen und der Ausflug, der heiß ersehnte Ausflug.

Zweimal in der Woche, mittwochs und sonntags, von 14:00 bis 18:00 Uhr (danach musste Abendessen gekocht werden), dreihundert Tage im Jahr (auch der Seniorenclub machte mal Urlaub) kamen die Mitglieder, im Schnitt zwischen achtundsechzig und zweiundneunzig Jahren alt, in dem großen Saal zusammen, den die Gemeinde ihnen zur Verfügung gestellt hatte. Hier, hinter einem riesigen, hufeisenförmigen Massivholztisch, prangte ein Wandgemälde, das die hohen Berge des Tals darstellte und an deren Fuß die imposante Staumauer von Bissina. Es gab Spielkarten, einen Fernseher, ein Radio und im Nebenzimmer einen kleinen Vorratsschrank, in dem die Bar untergebracht war.

Vielleicht ist es noch nützlich zu wissen, dass neben der Cedrata und der Schokolade links unten im Regal auch die ein oder andere Flasche guter, regionaler Wein steht, der aber ausschließlich den ältesten Mitgliedern vorbehalten ist.

Auch an diesem Mittwoch im August erfüllte die gellende Stimme von Armida, die von den Mitgliedern auserkoren war, die Nummern beim Bingo vorzulesen, den Versammlungssaal mit Leichtigkeit und prickelnder Spannung.

Armida Brisaghella, achtundsiebzig Jahre und mit einem Körper gesegnet, der seltsamerweise an die Umrisse einer Mont-Blanc-Torte denken ließ, fesselte ihre Zuhörerschaft mit ihrer weittragenden Stimme und der Art, wie sie die gezogenen Zahlen langsam und deutlich verkündete. Zusammen mit der Lesung in der Kirche war dies das Einzige, was von ihrem Traum übrig geblieben war, als Synchronsprecherin in die Fußstapfen ihres Idols Angiola Baggi zu treten.

Keine der Seniorinnen hätte es jemals gewagt, ihr die Rolle als Ausruferin der Zahlen streitig zu machen, nicht einmal Erminia, die, trotz ihres barschen, manchmal rücksichtslosen Auftretens, eine zarte Seele in sich trug.

Ganz das Gegenteil war Jolanda Pellizzari, die dritte Aktive des Clubs, die in Erinnerung an ihre rekordverdächtige Siegesserie im Kuchenbackwettbewerb zum Fest des heiligen San Bartolomeo gelegentlich auch »Miss Apfeltorte« genannt wurde. Ihre Begabung sollte sich in diesem

Jahr noch als überaus nützlich für die Damen des Clubs und unsere Geschichte erweisen. Jolanda war zweifellos die Süßeste der Gruppe, mit weichen Konturen und weichem Verhalten, ganz wie ein Stück Apfeltorte, eine von diesen hohen, dicken, die mit selbst gemachter Aprikosenmarmelade gefüllt sind, die sich mitbewegt, wenn man die Kuchengabel darin versenkt.

Also diese Mädels, die ja gar keine Mädels mehr waren, wussten wirklich, was gut war, und vielleicht roch auch deshalb die Luft im Club immer irgendwie süß. Ein Aroma aus Borotalco und Caramelle Rossana, das an den Duft der Wohnungen von Großmüttern erinnert. Jenen Duft nach mit Kernseife gewaschenen Spitzendeckchen, die fein säuberlich gefaltet in alten Kommoden aufbewahrt werden, gemischt mit dem Geschmack des selbst gemachten Wackelpuddings, der auf der Anrichte auf einem Kristalltellerchen auf die Ankunft der Enkelkinder wartet.

Die Mitglieder des »Rhododendron« waren ein bisschen so, irgendetwas zwischen selbst gemachtem Wackelpudding und Talkumpuder. Das Leuchten ihrer vom Vergehen der Zeit gezeichneten Gesichter sprach von der Schönheit ihrer Seelen, ihr Blick und die Falten erzählten Geschichten eines gelebten Lebens.

Eines harten Lebens nach dem Krieg, da oben in diesen wilden Bergen. Geschichten, die nach früh an einem eiskalten Morgen frisch gemolkener Milch schmeckten und nach gemeinsam am Feuer verzehrter Polenta, denn etwas anderes hatte man damals in diesem Dorf nicht zu essen. Geschichten von Holzschuhen an den Füßen von Mädchen, die mit vierzehn ihre Berge verließen, um sich in

Mailand in großbürgerlichen Häusern als Dienstmädchen zu verdingen. Geschichten von unter riesigen Holzladungen ruinierten oder beim Pflügen auf den kleinen Feldern krumm gewordenen Rücken.

Geschichten von Mädchen, die schwanger wurden. Von Frauen, die sehr jung zu Witwen wurden und die Kinder mit der spärlichen Rente des Mannes durchbringen mussten. Geschichten von Ziehharmonika und Dorffesten. Von Apfeltorten und Wildschweingulasch. Dem Duft von frisch geschnittenem Heu, von gestampften Trauben, aus denen man Wein kelterte. Geschichten von langen Fußmärschen in die Berge hinauf und vom Singen unter dem Sternenhimmel. Geschichten vom Sichwegträumen unter dem Sternenhimmel.

In der Einsamkeit dieses verlorenen Dörfchens aufgewachsen hatten diese Frauen die Welt nur über die Erzählungen der Abenteurer kennengelernt, die es hin und wieder bis hier hinauf verschlug, oder durch die Bilder im Fernsehen. Und mit Sicherheit waren sie in ihrem Leben mehr Kilometer zu Fuß gegangen als mit dem Auto gefahren. Und auch das Telefon hatten sie selten genutzt, denn wenn man sich mit jemandem verabreden wollte, ging man eher die paar Schritte nach nebenan, als zum Telefonhörer zu greifen.

Das also waren die Frauen des Seniorenclubs, die »Funne«, wie sie sich in ihrem Dialekt selbst nannten. Weich und süß, hart und faltig, schön, auch wenn sie nicht mehr jung waren. Mit einer seltenen Ausstrahlung. Mit einem Traum, der in den Bergen eingeschlossen war, den sie noch, wie sie sagten »vor der Abreise«, verwirklichen wollten. Und da sie begriffen hatten, dass, um den Tod auszutreiben, ein herzliches Lachen, ein Teller Polenta und eine Runde Kartenspielen genügten, hatten sie im »Rhododendron« genau den richtigen Ort gefunden, um sich vor der ewigen Ruhe noch ein wenig auszuruhen. Amen, wie Pater Artemio gesagt hätte.

Und »Amen« rief auch Armida beim x-ten Sieg von Enrichetta beim Briscola aus, die sich beim Kartenspielen so schnell von keiner die Butter vom Brot nehmen ließ.

An jenem Tag jedoch sollten sich die Frauen noch auf eine ganz besondere Partie Karten mit dem Schicksal gefasst machen müssen.

– 2 –

Die weinende Kasse

»Leute!«, rief Erminia und unterbrach mit dröhnender Stimme Briscola und Bingo. »Der Club ist arm wie eine Kirchenmaus! Die Kasse weint, und wenn das so weitergeht, müssen wir hier bald einpacken!«

So fing Erminia an, geradeheraus, unverblümt, ohne ein Blatt vor den Mund zu nehmen. Aber der Inhalt ihrer Ansprache an die Mitglieder an jenem sommerlichen Mittwoch war auch in keiner Weise schönzureden. So standen die Dinge nun einmal. Schlecht. Und als Präsidentin war es ihre Pflicht, den Ernst der Lage angemessen mitzuteilen.

Wie erstarrt nahmen die Frauen die Nachricht auf, verstummt angesichts einer solchen Verkündigung. Die eine oder andere hielt sogar noch die Karte in der Luft, die sie gerade hatte ausspielen wollen. Reglos. Armida, die sich schon wegen ihrer leicht kubischen Gestalt immer etwas schwerfällig bewegte, saß, ohne sich zu rühren, am Tisch, die Arme auf den Tisch gelegt, den Blick ins Leere verloren.

»Aber Erminia, steht es denn wirklich so schlimm? Was sollen wir denn nur machen ohne das Bingo am Mittwoch?«, fragte sie in ihrem klaren, perfekten Italienisch (sie war die Einzige im Dorf, die Italienisch sprach statt Dialekt).

Erminia zündete sich eine Zigarette an. Auch wenn das Rauchen im Club verboten war.

»Leute, so steht's nun mal«, fuhr sie fort. »Nicht allzu gut. Nach Wirtschaftskrise, Steuern, Mitteln aus dem Haushalt der Gemeinde, die nicht gekommen sind ... haben wir bald überhaupt kein Geld mehr, um noch irgendwas zu machen. Und das, wo dieses Jahr das zwanzigjährige Vereins-Jubiläum ist, da wär's doch schön, mal was Besonderes zu machen. Wenigstens einen Ausflug oder den Mitgliedern ein Essen spendieren.«

»Aber wie ist das denn möglich?«, mischte sich Vitalina besorgt ein, die trotz ihrer Schüchternheit immer mitreden wollte, wenn's ums Geld ging. »Es ist doch immer Geld da gewesen, das wird uns doch niemand geklaut haben?«

»Eeeh, was denkst du denn, Vitalina?«, antwortete Erminia leicht gereizt. »Dass Enrichetta es für sich genommen hat? Um was damit zu machen? Tanzen zu gehen, vielleicht?«

Enrichetta, die Kassenwartin des Clubs, galt als die Weltgewandteste in der Runde, wegen ihres Amtes, ihres modernen Haarschnitts, kurz und blond, und vielleicht auch, weil sie ihr Sauerkraut immer ein bisschen sehr sauer machte.

»Sag mal, Vitalina, begreifst du nicht, dass heutzutage alle in der Krise sind?«, erklärte Erminia etwas ruhiger. »Auch die Bar verdient nicht mehr so viel wie früher, wir haben Wirtschaftskrise. Irene musste ihr Wäsche-Geschäft schließen, weil sie die Steuern nicht mehr zahlen konnte.

Wer sollte da noch Interesse daran haben, uns alten Schachteln Geld zu geben? Wir müssen uns selbst was ausdenken. Alte Schachteln mögen wir vielleicht sein, aber wir werden doch wohl noch in der Lage sein, ein bisschen Geld aufzutreiben für den Club! Schließlich haben wir schon ganz andere Sachen geschafft im Leben, was?«

Die gedämpfte und süß duftende Atmosphäre im »Rhododendron« hatte eine etwas bittere Note angenommen. Auf einmal redeten alle aufgeregt durcheinander. Die Frauen, die einander um den langen, hufeisenförmigen Massivholztisch gegenübersaßen, blickten sich besorgt und nachdenklich an.

»Und wo sollen wir das Geld hernehmen?«, dröhnte Valentina über das erregte Stimmengewirr hinweg. Sie tat sich immer schwer, mit ihrer Rente bis ans Ende des Monats zu kommen.

»Na, wir haben doch bald das Fest unseres Schutzheiligen San Bartolomeo. Warum backen wir da nicht ein paar Kuchen, um ein bisschen Geld zusammenzukriegen?«, schlug Jolanda vor. So war sie. Wenn es etwas zu tun gab, stand sie immer in der ersten Reihe, vor allem, wenn es um Süßspeisen ging.

»Ja, das ist wirklich eine schöne Idee, Jolanda. Wir machen es wie unsere Krankenschwestern im Krieg«, stimmte Armida stolz zu; sie war immer stolz, wenn sie etwas mitteilen konnte, was sie wusste. »Wir könnten einen Verkaufstisch vor der Kirche aufstellen. Nach der Messe werden da eine Menge Leute sein, die für Sonntagnachmittag Lust auf einen Kuchen haben. Wir müssen nur aufpassen, dass wir Pater Artemio nicht vor den Kopf stoßen, denn ich geh dann bestimmt nicht noch zur Messe. Ich steh hinterm Tresen. Das ist schließlich wichtig, stimmt's? Das muss Pater Artemio verstehen, schließlich treibt er ja auch Geld ein mit seiner Kollekte.«

»Na, Leute, auf die Idee hätte ich aber auch selbst kommen können«, mischte sich Erminia ein. »Immer noch besser als Spitzendeckchen und Handtücher, die kein Mensch mehr haben will. Den ein oder anderen Groschen werden wir schon abkriegen nach der Messe. Immerhin ist es ja ein Feiertag, und da haben die Leute Lust auf selbstgebackenen Kuchen. Also! Wer kommt übermorgen zu mir zum Kuchenbacken? Jole? Armida? Sonst noch wer?«

Die Reaktion der Frauen kam einhellig und prompt. Alle hielten es für eine großartige Idee. Schon bald breitete sich im Saal wieder das übliche Geplauder aus, jetzt jedoch sprach man über die Organisation, die Zutaten, welche Kuchen man backen wollte und wo man das Essen für die Mitglieder abhalten und wohin man den Ausflug machen sollte …

»Aber das Geld? Woher sollen wir denn das Geld für das alles hernehmen?«, sprang Valentina auf.

Doch ja, es war eine Gruppe von Mädels, die nicht mehr allzu jung waren, und hin und wieder verpasste mal jemand den Anschluss.

»Mit den Kuchen, Valentina! Mit den Kuchen! Und den Rest nehmen wir, um dir ein Hörgerät zu kaufen!«, rief Erminia und stimmte in das Gelächter der anderen mit ein.

– 3 –

Die Torten des Heiligen

Das Fest des heiligen San Bartolomeo war der Höhepunkt des Jahres von Daone.

Musik, Tanz, Tombola und kiloweise Polenta mit Würstchen belebten die normalerweise verlassenen Gassen des Bergdörfchens. Der heilige San Bartolomeo und die heilige Madonna della Neve hielten schützend ihre Hand über die kleine Dorfgemeinschaft und wurden dafür hoch verehrt.

Der Madonna della Neve jedoch brachten die Damen des Seniorenclubs eine ganz besondere Ehrerbietung entgegen, was sicher auch eine Frage weiblicher Solidarität war – eine Gruppe alleinstehender Frauen, fast alle verwitwet, konnte kaum anders, als sie dem armen San Bartolomeo vorzuziehen, möge er es ihnen verzeihen –, aber vor allem, weil die Legende besagte, dass jene Madonna während des Ersten Weltkrieges ein Wunder gewirkt hatte, um zu verhindern, dass das Dorf bombardiert wurde: Sie hatte es schneien lassen, bis das ganze Tal mit einer weißen Decke zugedeckt war. Natürlich schneit es in jener Gegend häufig, aber an einem 5. August hatte man hier noch nie Schnee gehabt. Von da an feierte die Gemeinde mit einem Gottesdienst und einem Fest den Jahrestag der Heiligen, die von den Angehörigen des Seniorenclubs als Ehrenmitglied empfunden wurde.

Sicher würde auch San Bartolomeo an seinem Festtag ein kleines Wunder wirken können, indem er dem Kuchenverkauf unter die Arme griff. Aber noch war er in seiner Kirche und wartete ungeduldig darauf, in der Prozession durchs Dorf getragen zu werden, ungeduldig und in Aufruhr wie das ganze Dorf während dieser Tage der Vorbereitung auf das Fest.

Carletto, der Küster, brachte die Kirche und die Statue des heiligen Schutzpatrons auf Hochglanz, während die Messdiener schweigend mit bis zur halben Wade hochgezogenen, weißen Socken auf dem Kirchplatz saßen und den Anweisungen des Chorleiters lauschten.

Ein riesiges Zelt wurde auf dem Dorfplatz direkt gegenüber der Kirche errichtet. Jury würde den Tanz leiten, ein dicker junger Mann mit sympathischem Gesicht und seltsamen Hosenträgern an Südtiroler Lederhosen, der sich mit vollem Recht der Rolle des DJs bemächtigt hatte. Und an jenem Morgen studierte er die Musikfolge für das Fest: DJ-Set, Livemusik von »I Polentoni« (die Polenta-Esser), Tanz und dann eine Vorführung der örtlichen Linedance-Gruppe.

Während Pater Artemio die Hostien zählte und Valeria, die Köchin, die Anzahl der Hirschkoteletts überschlug, die sie würde zubereiten müssen, berechneten Erminia, Jolanda und Armida die Zahl der Kuchen, die für den nächsten Morgen gebacken werden mussten. Aus dem Schornstein von Erminia drang mit dem Rauch aus der

Küchenhexe der Duft nach Äpfeln und Zimt ins Freie. Sie würden viel Geld benötigen, um die Krise abzuwenden, und folglich viele gute Kuchen, weshalb die Produktion in großem Stil angelegt wurde.

Und so, während Erminia eine rote Schachtel vorbereitete, in der die Erlöse aus dem Verkauf gesammelt werden sollten, organisierte Jolanda die Zutaten, und trotz ihrer Schüchternheit, nämlich kraft der Autorität, die ihr der Titel »Miss Apfeltorte« verlieh, gab sie Anweisungen, wie der Teig gemacht werden sollte, nämlich ausnahmslos mit frischen Eiern von Amalias Hühnern.

Armida hingegen, statt die Blaubeeren, die Irma gesammelt hatte, sorgfältig zu waschen, hielt lautstark einen Vortrag über ihre Theorie zu Rührlöffeln. Sie hatte verschiedene ausprobiert, hatte diverse Fernsehsendungen darüber gesehen, und es gab keinen Löffel, der den ihrer Tante aus Amerika übertraf, wo man immer »oll rait« sagte, also »in Ordnung«.

Unter Gelächter, dem einen oder anderen *caffè corretto,* die Hände bis zum Ellbogen mit Mehl bestäubt und den Kuchen im Ofen, passierte es sogar, dass sie einen vergaßen, der darob ein bisschen zu lange in der *Fornesela* blieb, vielleicht selbst abgelenkt von dem Geplauder. »Oll rait«, rief Armida schließlich, »wir haben es geschafft, meine Lieben.«

Der Duft des verbrannten Kuchens breitete sich im ganzen Dorf aus und mischte sich in der Luft mit dem Geruch des Holzfeuers, das den Kessel für die riesige *Polenta carbonera* aufzuwärmen begann, nach dem einzigartigen Rezept des

Ortes. Nichts für schwache Mägen oder Vegetarier: in Butter ausgebackene Salami und Rohmilchkäse in harmonischem Gleichgewicht mit dem gelben Mehl, das im Tal hergestellt wurde. Die Regionalküche war nicht gerade kalorienarm, doch das Leben in den Bergen verlangte auch nach ordentlichen Energiereserven.

Franco Ciccio, in seinem fünften Lebensjahrzehnt, war das beste Beispiel dafür. Der Hauptmann der örtlichen Feuerwehr des benachbarten (und bis zu einem gewissen Grad auch »feindlichen«) Dorfes Breguzzo war, ungeachtet seiner Körperfülle, der unumstrittene König des Gesellschaftstanzes im ganzen Tal. Zusammen mit anderen Originalen, die von klein auf mit Polenta aufgewachsen waren, transportierte er mit seinem riesigen Traktor einen Haufen Baumstämme für den ambitioniertesten Wettbewerb des Festes: das Holzwiegen. Wer das Gewicht des Holzes am besten schätzen konnte, durfte es mit nach Hause nehmen. Ein willkommener und ungeplanter Vorrat für den langen Winter in Daone.

Sogar die Gärten spielten in diesen Tagen eine Rolle, dank des Wettbewerbs »Der schönste Garten«. Bunte Dekorationen, Blumen, Skulpturen und Gartenzwerge verschönerten das Dorf. Alles wurde für diesen einen Festtag feierlich herausgeputzt. Es gab ja auch nur den einen.

Die Glocken schlugen elf. Die Lichter gingen aus, die Vorbereitungen ruhten. Die Stunde der Spitzbuben. Kleine Jungs auf Fahrrädern sausten nach Hause, denn morgen würde es ein langer Tag werden. Auf dem Platz stand sogar bereits der einzige Stand, der bunte Süßigkeiten aller Arten verkaufte, Luftballons und Zuckerwatte. Alle ab ins Bett, Schluss für heute. Das galt auch für die bunten Lämpchen an der Lichterkette, die rund um die Kirche gespannt worden war.

Armida putzte ihre Tanzschuhe, die eine ganz spezielle Sohle hatten, damit sie sich besser mit ihnen drehen konnte, ein Paar, das sie gut verwahrte und nur für besondere Gelegenheiten hervorholte.

Erminia saß auf dem Balkon, rauchte eine Zigarette und dachte darüber nach, wohin der Ausflug führen sollte.

Jolanda hingegen kam nicht darüber hinweg, dass sie diesen einen Kuchen hatte anbrennen lassen. Meine Güte, wie konnte man es nur fertigbringen, einen Kuchen anbrennen zu lassen?

– 4 –

Musik ist Trumpf

Die Kuchen präsentierten sich hübsch angerichtet in zwei Reihen auf dem Verkaufstisch. Vorne standen Apfelkuchen und Mürbeteigkuchen mit Obst, dahinter Schokoladenkuchen und die »zweifarbigen« Torten, wie Armida sie nannte. Die Strudel waren geopfert worden und standen auf der Bank hinter dem Tisch. Die passten ja sowieso, quasi von Natur aus, in keine Kategorie. Aber dafür waren sie umso leckerer! Die wilden roten Äpfel des Tals waren so schmackhaft, dass sie, zusammen mit Zimt, Ei und Valerias geheimer Zutat, eine wahrhaft paradiesische Geschmackserfahrung boten.

Auch Pater Artemio war in sozusagen paradiesischer Stimmung, während er sich auf die Messe und die Prozession des heiligen San Bartolomeo vorbereitete, den er sehr liebte. Die Kirche, von den Frauen und Carletto auf Hochglanz gewienert, erstrahlte an jenem Morgen in beinahe göttlicher Pracht. Sonnenstrahlen drangen fröhlich durch die bunten Fenster der Sakristei, wo der Priester den Talar anlegte, während Carletto die Statue des Heiligen ankleidete, um ihn für seinen Spaziergang durch die Gemeinde vorzubereiten.

Auf dem Kirchplatz erwartete die Kapelle bereits gespannt ihren Auftritt. Es war eine von diesen etwas heruntergekommenen Dorfkapellen, wie es sie in den Bergen häufig gibt, aber sie freuten sich dermaßen, an der Zeremonie teilnehmen zu dürfen, dass man ihnen gern die zahlreichen und häufig auch überaus schmerzlichen Misstöne verzieh.

»Hör mal, Erminia«, sagte Armida, die bereits seit dem frühen Morgen hinter dem Verkaufstisch stand und die Kuchen bewachte. »Findest du das normal, dass der Kapellmeister so einen dicken Pullover anhat? Wir haben doch Sommer, oder? Unglaublich. Die Jahreszeiten sind auch nicht mehr das, was sie mal waren. Zu meiner Zeit hat man in den Tagen des Dorffestes den Pullover zu Hause vergessen, so heiß war es da. Und heute musste ich sogar mein kleines, schwarzes Pullöverchen mit den Pailletten anziehen, damit ich mir hier nicht noch den Tod hole.«

»Ja, ja, Armida«, stimmte Erminia ihr leicht gereizt zu. Sie saß neben ihr und beobachtete den Fortgang der Vorbereitungen. »Du hast natürlich ganz recht«, setzte sie ein wenig sarkastisch hinzu. Erminia mochte Armida wirklich, auf ihre Weise, aber wenn sie anfing, übers Wetter zu lamentieren oder ansetzte, ihre Geschichten von den Fehlzustellungen der Post vorzutragen, dann konnte sie sie kaum ertragen. Das waren Alte-Leute-Geschichten. Und Armida erzählte sie immer wieder und wieder.

»Hast du die Tanzschuhe geputzt?«, wechselte sie das Thema. »Wenn wir die Kuchen verkauft haben, müssen wir unbedingt tanzen gehen. Um 17:00 Uhr gibt es Tanz, dafür müssen wir uns ordentlich in Schale werfen und uns sehen lassen, Alter und Wehwehchen hin oder her.«

»Aber natürlich hab ich die geputzt, gestern Abend noch«, versicherte Armida. »Die mit der speziellen Sohle, die gleiten und drehen besser, obwohl der Tanz ja letztes Jahr nicht auf dem Pflaster vor der Kirche war. Ich weiß nicht, wie man auch nur auf die Idee kommen kann, auf dem kleinen Kopfsteinpflaster tanzen zu wollen! Ist mir schleierhaft, was der Bürgermeister sich dabei gedacht hat, den Tanzsaal da hinzumachen. Zu meiner Zeit war der Tanz unterm Zelt unten an der Villa De Biase, da ist das Pflaster glatt, und man kann schön tanzen.«

Bis zum Ende der Messe riss Armidas ununterbrochener Redeschwall nicht mehr ab, sodass Erminia sich schließlich keinen anderen Rat mehr wusste, als einfach wegzugehen und einen Blick in die Kirche zu werfen.

Armida war so. Wenn sie sich aufregte, fand sie kein Ende mehr. Und dieser Morgen war für alle ein bisschen aufregend. Immerhin war heute das Dorffest.

Ta, ta, ta, ta erscholl plötzlich die Trompete der Kapelle. Die Messe war zu Ende, und Erminia wurde von der Menge Daoneser Bürger überrannt, die aus der Kirche kamen, um die Prozession zu beginnen. Sie eilte auf ihren Platz hinter dem Verkaufstisch zurück.

Ta, ta, ta, ta plärrte die Trompete erneut und verfehlte dabei auf ganzer Linie den Ton. Das ganze Dorf reihte sich hinter der misstönenden Kapelle ein, und Pater Artemio führte die Prozession majestätisch an, indem er die Statue des heiligen San Bartolomeo vorantrug.

Es war nur ein Augenblick, der blitzartig vorüber war. Und es geschah direkt am Beginn der Zeremonie, als sich

Erminias, die kerzengerade hinter dem Verkaufstisch stand, und Pater Artemios Blicke trafen. Es war einer jener Momente, die eine Wende in der Geschichte versprachen, so wie wenn sich in einem Western die Duellgegner in die Augen sehen, bevor sie den Colt ziehen.

TA, TA, TA, TA schmetterte noch lauter und noch schiefer die Trompete.

»Das reicht jetzt!«, hörte man jemanden im Prozessionszug sagen.

Jener Blickwechsel dauerte nur einen Augenblick, aber er reichte, wie irgendjemand sagte, um in den Köpfen der Mitbürger im Prozessionszug einige Lichter aufgehen zu lassen. Pater Artemio hatte seine Gründe. Sie hatten nur allzu gut gehört, dass die Predigt des heutigen Morgens sich mehr um den Kuchenverkauf als um den Heiligen gedreht hatte. Sie hatte es in den Blicken der anderen Damen gelesen, die an der Messe teilgenommen hatten.

Erminia hingegen hätte diesen Blick niemals ignorieren können. Sie senkte ihren niemals, nicht einmal vor Pater Artemio.

Sie taten nichts Schlechtes mit diesem Verkaufstisch, sie und die anderen. Es ging darum, den Verein zu retten und Essen und Ausflüge zu organisieren, und bedauerlicherweise sind Träume mit Gebeten allein nur schwer zu verwirklichen. Mit den Kuchen hingegen würde der ein oder andere Traum vielleicht zu erfüllen sein.

»Wer wird schon so hartherzig sein und die guten Großmütterchen auf ihren Kuchen sitzenlassen?«, dachte Erminia beinahe laut.

Und so war es denn auch. Das Geschäft lief hervorragend. In weniger als einer halben Stunde waren die siebenundzwanzig Kuchen ausverkauft. Es kamen sogar ein paar Beschwerden von Leuten, die leer ausgegangen waren, obwohl sie vorbestellt hatten. Am Ende war die rote Pappschachtel gut gefüllt, worauf Armida und Erminia mit vielleicht einem Tropfen Alkohol zu viel anstießen. Armida benötigte ein etwas verlängertes Mittagsschläfchen, bevor sie sich um 17:00 Uhr wieder mit den anderen zum sehnlichst erwarteten Programmpunkt des Festes treffen konnte: dem Tanz.

Zur Stunde X jedoch, im Open-Air-Ballsaal auf dem Platz vor der Kirche, war nichts für den Tanz aufgebaut. Die Damen, alle fein ausstaffiert mit auf Hochglanz polierten schwarzen Schuhen, festlichen Kleidern und von Sonia so frisch gelegten Haaren, dass die eine oder andere Frisur noch warm war, erstarrten vor Entsetzen.

»Aber das stand doch auf der Einladung, stimmt's, Armida?«, fragte Erminia in bereits etwas schrillem Ton. Hatte sie, die immer alles wusste, sich etwa in der Zeit vertan?

»17:00 Uhr. Tanz mit DJ Jury«, zitierte Armida laut und deutlich.

In dem Augenblick erscholl unter dem weißen Kunststoffzelt am Rande des Kirchplatzes eine durchdringende und überraschende Melodie, die an amerikanische Westernfilme denken ließ.

Was für ein Schauspiel! Das ganze Dorf war zusammengekommen, um die Show der örtlichen *Country Girls* zu sehen. Indigniert durch einen solchen Affront konnten die

Damen nicht anders, als mit verärgertem Staunen der Darbietung beizuwohnen.

Sie, die über Jahre die Protagonistinnen des wichtigsten Programmpunktes des Dorffestes gewesen waren, dem Tanz, waren zum ersten Mal von einer Gruppe junger Mütter, zwischen dreißig und sechzig, herabgesetzt worden, die linkisch und unbeholfen irgendwelche Cowboy-Tanzschritte nachahmten! Was für ein Anblick!

Es hagelte Kommentare aller Arten. Zischelnd kommentierten die Damen, inzwischen in der ersten Reihe sitzend, pietätlos jeden einzelnen Tanzschritt, ohne sich allerdings ihr Missfallen allzu sehr anmerken zu lassen. Jury jedoch, im Grunde seines Herzens doch ein guter Junge, bemerkte es und unterbrach nach einer der zahllosen Quadrillen die *Country Girls*, um den Großmüttern den ihnen zustehenden Platz zu bieten.

»Und jetzt Tanzfläche frei für unsere Großmütter!«

Wie üblich war es Franco Ciccio, der den Tanz eröffnete. Ein echtes Schwergewicht, aber mit einer sanften Seele. Und vor allem tanzte er wie ein junger Gott, leichtfüßig wie eine Gazelle. Er kam direkt zu Armida, die noch auf der Bank saß und sehnlichst darauf wartete, ihre Tanzschuhe mit der glatten Spezialsohle noch ein wenig mehr abzunutzen.

»Komm, Armida, ich bring dich zum Drehen wie einen Kreisel«, sagte er mit einem Tonfall, dem man unmöglich widerstehen konnte.

»Aber gern, Franco, aber gern. Pass nur auf, ich bin nicht mehr so stark wie früher, und wenn du mich zu doll kreiseln lässt, dann geh ich zu Boden wie eine weichgekochte Kartoffel«, antwortete Armida mit süßer Schüchternheit.

Und so kam es, dass nach und nach die Damen den ihnen zustehenden Raum zurückeroberten. Stehend, als wären sie auf dem Opernball in Wien, erwartete jede ihren Kavalier. Und dann drehten sie sich und drehten sich im Takt jener alten Melodien, die an weit zurückliegende Zeiten erinnerten, als sie noch jung waren und in der Ballnacht des Dorffestes den einzigen Moment der Freiheit und des Glücks erlebten. Wobei, möglicherweise, noch mehr Glück in der Vorfreude auf den Ball lag.

SEPTEMBER

5

Das Rauschen des Meeres

»190, 200, 220, 230.«

»Was sollen denn das für Nummern sein, Armida, bist du noch betrunken vom Fest? Ist dir San Bartolomeo zu Kopf gestiegen? Es gibt keine Nummern über 90 beim Bingo«, sagte Valentina scherzhaft.

»*Santa Madonna,* Valentina!«, platzte Erminia heraus und zog damit die Aufmerksamkeit aller auf sich. »Müssen wir dir zusätzlich zum Hörgerät auch noch ein paar neue Brillengläser spendieren? Siehst du denn nicht, dass sie das Geld vom Kuchenverkauf zählt?«

»240, 260, 270! 270 Euro!«, rief Armida stolz aus. »Das ist nicht schlecht gelaufen, das sollten wir jedes Jahr machen!«

Allerdings. Es war wirklich ein voller Erfolg, und trotz Pater Artemios missbilligenden Blicken, trotz der *Country Girls,* trotz des Verdachts, dass beim Holzwiegen gemogelt worden war, und trotz des einen verbrannten Kuchens hatten die Frauen ihr Ziel erreicht. Dem Seniorenclub war eine Atempause vergönnt. Das Geld würde für das gemeinsame Mittagessen reichen. Und, wie Armida in ihrer nicht enden wollenden Ansprache erklärte, in Bondo (einem kleinen Dorf drei Kilometer von Daone entfernt) war das jährliche Essen für die Mitglieder des dortigen Seniorenclubs übrigens nicht ganz umsonst. Dort hatte man einen Mindestbeitrag von zehn Euro dafür erhoben. Folglich könnte auch der »Rhododendron« zehn Euro Unkostenbeteiligung von den Mitgliedern verlangen, womit zusammen mit den 270 Euro Einnahmen vom Fest bereits die Hälfte der Kosten für das Essen im Ristorante La Valle abgedeckt wäre, wo man für dreißig Euro so viel essen konnte, dass man abends kein Abendessen mehr brauchte. Einschließlich Getränke.

Das klassische Menü bestand aus vier Gängen. Als Vorspeise ein Carpaccio von *Carne salada* (luftgetrocknetes Rindfleisch, mariniert in Rotwein mit Gewürzen und grobem Salz, eine lokale Spezialität), mit Bohnen *in bronzón* und rohen, in feine Ringe geschnittenen Zwiebeln.

Als ersten Hauptgang Risotto mit schwarzen Heidelbeeren, eine Spezialität der Köchin. Valeria hatte eine geheime Zutat, die sie in all den Jahren niemandem verraten hatte. In ein paar Jahren allerdings würde sie an ihre Tochter Graziella überliefert, die inzwischen groß geworden war, auch in der Küche, und die bald, angesichts von Valerias Alter, den Posten als Chefköchin übernehmen würde. Als Alternative dazu gab es überaus schmackhafte Tagliatelle mit Hirschragout, ein wahrhaft regionales Gericht: exakt null Transportkilometer beim Hirsch. Und der zweite Hauptgang konnte folglich nichts anderes sein als die berühmten Hirschkoteletts mit Preiselbeeren, begleitet von der unübertrefflichen Polenta in mehreren Varianten: klassisch, aus Kartoffeln oder nach Köhlerart (also die, die es auch auf dem Dorffest gab). Als Dessert konnte man zwischen einem Apfelstrudel, einem Vanilleeis mit Waldfrüchten oder dem Nachtisch des Tages wählen.

Nach Armidas endlosem Monolog, der bei den anderen Frauen zum ein oder anderen Einbruch führte, ergriff Erminia das Wort, um einen neuen Vorschlag zu machen. Warum nicht, nach dem Erfolg mit dem Kuchenverkauf, auf eine neue Art und Weise noch ein bisschen mehr Geld zusammenbekommen? Dieses Mal für einen Ausflug. Ja, 270 Euro waren schon ganz schön, sie würden allerdings nur das gemeinsame Essen abdecken. Aber in dieses Jahr fiel das zwanzigjährige Jubiläum, und da hatten sich alle doch einen richtigen Ausflug verdient.

Traditionell hatten die Vereinsausflüge ein religiöses Thema. Am naheliegendsten, und häufigsten, war die Fahrt zum weißen Häuschen der Madonna della Neve, auf der grünen Lichtung in Limes (7,0 Kilometer von der Ortsmitte Daones), gefolgt vom Pilgerweg zur Kirche Santa Giustina e Credo (8,46 Kilometer von Daone entfernt), zur Wallfahrtskapelle der Madonna di Làres in Bolbeno (13,1 Kilometer), zur Kirche Rio Secco, schon Richtung Capovalle (22,208 Kilometer) und anderen heiligen Stätten. Aber immer in der näheren Umgebung, und vor allem niemals weiter als Capovalle.

Seit Jahren gab es allerdings den nicht realisierbaren Traum, nach Rom zum Papst zu fahren, zu dem sich der nie offen eingestandene, aber mit gleicher Inbrunst empfundene Wunsch gesellte, einmal ein Konzert von Gianni Morandi zu besuchen, dem Idol einer ganzen Generation von Frauen des Val di Daone.

Erminia hatte die religiösen Ausflüge satt. So war sie

nun einmal. Immerhin hatte sie schon mal ein bisschen was von der Welt gesehen. Sie gehörte zu den wenigen im Club, die in ihrem Leben aus dem Dorf herausgekommen waren, auch wenn sie schließlich zurückgekehrt war, um zu heiraten und fünf Kinder zu bekommen. Und hin und wieder brauchte sie das, in die Welt hinauszugehen und auch die anderen mitzunehmen, um sie ihnen zu zeigen: Es reichte ihr mit den Heiligen, den Madonnen und den Votivtafeln. Sie ging sogar manchmal während der Messe nach draußen, um ein bisschen frische Luft zu schnappen, denn wenn sie mit Jesus sprechen wollte, tat sie das direkt, ohne irgendwelche Vermittler. Und falls Jesus gerade beschäftigt war, gab es immer noch die Madonna della Neve, die hörte unter Garantie zu.

»*Funne!*«, rief Erminia. »Warum organisieren wir dieses Mal nicht mal was anderes, als Kirchen anzugucken, warum fahren wir nicht mal woanders hin? Was Neues sehen, was wir noch nie gesehen haben? Aber ohne Steine drumrum, denn dafür gibt's schon den Friedhof!«

Seufzer erhoben sich rund um den Tisch. Immer kam sie mit etwas Neuem, diese Erminia, es war schon ein Phänomen. Sie dachte einfach ein bisschen schneller als alle anderen. Aber wohin wollte sie sie diesmal verschleppen? Wie? Und was sollten sie dann da machen?

»Ans Meer«, flüsterte die süße Irma leise. »Ans Meer«, wiederholte sie dann mit etwas kräftigerer Stimme.

Schweigen senkte sich auf den Versammlungsraum des »Rhododendron« herab. Das Wort »Meer« verschlug allen den Atem. Wirklich. Ganz lange hörte man keinen Laut. Nur, in der Ferne, das Rauschen des Meeres. Und es war

42

seltsam, es hier zwischen diesen Bergen zu hören, auf dieser gottverlassenen Insel zwischen den Gletschern und den Staumauern. Es war von weither gekommen, vielleicht vom Wind dieses magischen Sommers herangetragen. Das Meer. Diese Weite aus kristallklarem und so tiefem Wasser, dass man die Fische darin sehen konnte, so viele Fische, das unendlich war, weil es dahinter keine Berge gab, die es begrenzten, wie beim Lago di Morandino. Irma hatte diesem Traum eine Stimme verliehen, sie hatte ihm einen Namen gegeben.

Während des Schweigens warfen sich die Frauen rasche Blicke zu. Sie entdeckten in jenem Augenblick, dass viele von ihnen das Meer noch nie gesehen hatten. Aber vor allem wurde ihnen bewusst, dass sie bereits vergessen hatten, es noch nie gesehen zu haben.

»Also machen wir einen Ausflug ans Meer?«, fragte Valentina und zerstörte damit die Magie des Augenblicks. »Aber von welchem Geld denn? Wie sollen wir denn nur das Geld zusammenbekommen, um ans Meer zu fahren? Wie viele Kuchen müssen wir denn backen, um davon alle zusammen ans Meer fahren zu können …«

6

Das erste Mal

Auf jeden Fall wäre es sehr viel komplizierter gewesen, wenn es darum gegangen wäre, sich zwischen einer Fahrt zum Papst oder zu einem Konzert von Gianni Morandi zu entscheiden. Mit Sicherheit hätte man abstimmen müssen. Und dann hätte man wegen der Kinder diskutieren müssen: undenkbar, sie zu einem Rockkonzert mitzunehmen, sehr schwierig, ja viel zu schwierig, mit dem Vatikan zu sprechen. Auch ans Meer zu fahren würde kein leichtes Unterfangen werden, wenn man die Vorurteile des Dorfes bedachte, die Zipperlein des Alters und die fehlenden Mittel des Vereins, aber es war mit Sicherheit noch die machbarste Reise. Außerdem hatte Erminia den Gianni schon 1974 bei dem Konzert in Civitavecchia gesehen, und den Papst sah sie jeden Sonntag bei der Übertragung der Messe im Fernsehen. Und es gab noch etwas nicht weniger Wichtiges zu bedenken: den Papst und Gianni konnte man nur angucken und anhören, von Weitem. Davon, sie zu berühren, konnte keine Rede sein. Das Meer hingegen würde man nicht nur anschauen und anhören, sondern auch berühren, einatmen, riechen und sogar die Füße hineinhalten, so lange man wollte. Alles gleichzeitig. Und für viele von ihnen zum ersten Mal. Und wie bewegend das sein würde! Es war ja schon ein Weilchen, dass dieser Traum Erminia im Kopf herumging, ganz unabhängig davon, was Padre Artemio, der Bürgermeister oder vor allem Bergamina, die Klatschtante des Dorfes, dazu zu sagen gehabt hätten.

Irma hatte ganz von allein einem Traum ihre Stimme geliehen, der seit Jahren darauf wartete, ausgesprochen und vielleicht sogar realisiert zu werden. Das Meer kannte sie nur aus dem Fernsehen und von Bildern in Büchern. Für sie war das Meer der Lago di Morandino, der Stausee, und seit damals nach dem Krieg, als das Wasser alles überflutet hatte und sie zusammen mit ihren Brüdern losgerannt war, um die Schweine vor dem Ertrinken zu retten, indem sie ihnen ihre Zudecken umgelegt hatten, war das die Erinnerung an »ihr« Meer, und es war ganz sicher keine schöne Erinnerung.

»Ich hab Angst vor dem Meer«, erklärte sie folglich entschieden. »Es ist zu groß, und ich hab Angst vor dem ganzen Wasser.«

»Du musst es ja beim ersten Mal nicht alles auf einmal angucken, kannst es ja Stück für Stück entdecken«, antwortete Armida mit ihrer üblichen Gelassenheit. »Außerdem kannst du dir ja, wenn es dir solche Angst macht, immer noch mit mir ein Zimmer teilen. Ich liebe das Meer am meisten morgens um fünf, dann können wir zusammen einen Spaziergang an der Wasserlinie entlang machen. Ich kann dich an die Hand nehmen, Irma.«

»Klar, ich seh mich schon mit dir in einem Bett liegen, Armida! Ja, bist du denn verrückt geworden?«

Schallendes Gelächter erfüllte den Saal des »Rhododendron«. Diese Versammlung über den Ausflug fand einfach kein Ende. Es gab kein anderes Thema, und alle Frauen, die schon mal da gewesen waren, erzählten den anderen von ihrem ersten Mal. Die Vorstellung, sie könnten alle zusammen ans Meer fahren, hatte sie derart begeistert, dass es beinahe beängstigend war. Amalia, Valentina und Chiara, die das Meer noch nicht einmal von Weitem durchs Fernglas gesehen hatten, lauschten gebannt und ein wenig verängstigt den Erzählungen.

»Wann bist du im Meer geschwommen, Jolanda?«, fragte Amalia neugierig.

»Das war 1967«, antwortete Jolanda präzise.

»Auf der Hochzeitsreise?«

»Wo denkst du hin, Amalia! Da hat er mich nur nach Pracul gebracht!«

»Ich habe das Meer in Malaga gesehen«, meldete sich Armida zu Wort, während die Frauen noch lachten. »In Malaga, in Spanien, 1962. Natürlich habe ich es nicht angerührt. Ich war ja auf dem Kreuzfahrtschiff. Wir sind bis nach Gibraltar gefahren, und da hat mich dann ein Affe gebissen. Aber ich erinnere mich noch an das Meer. War schon schön.«

»Ja, aber ist es nicht viel zu heiß am Meer? Brennt da nicht den ganzen Tag die Sonne?«, fragte Chiara besorgt. »Ich hab ein schwaches Herz und muss mich am Strand vor der Sonne in Acht nehmen. Allerdings habe ich im Fernsehen gesehen, dass es am Strand auch Sonnenschirme und Bademeister gibt.«

Erminia, auch wenn sie normalerweise nicht zu Sentimentalitäten neigte, hörte die Geschichten vom Meer mit Freude, ja, fast schon gerührt, mit an. Zum ersten Mal, nach so langer Zeit, nach all den harten Jahren der Einsamkeit, viel zu oft auch der Langeweile für sie, in diesem kleinen Dorf, spürte sie in sich etwas schmelzen.

An jenem Abend nach der Versammlung hatte sie das Gefühl, als platze ihr das Herz vor lauter Freude, aber vielleicht war das auch nur Herzflattern, immerhin hatte sie ja auch Bluthochdruck. Jetzt kam es vor allem darauf an, so schnell wie möglich alles zu organisieren, herauszufinden, wie man ans Meer kam, wie viele Tage und wohin. Aber vor allem, wie viel Geld man brauchte. Und woher nehmen. »Sapore di sale, sapore di mare«, sang sie auf dem Heimweg im Geist vor sich hin, als sie am Feuerwehrhaus vorbeikam.

Und genau da geschah etwas. Vielleicht hatte die Madonna della Neve sie ja tatsächlich erhört, am vorigen Sonntag vor der Kirche. Jedenfalls fanden einige ihrer Fragen eine Antwort, auch dank Franco Ciccio, der sie grüßte. Erminia erwiderte den Gruß, und in dem Augenblick wurde es ihr klar. Sie sah etwas, hinter dem zentnerschweren Franco, das an der Wand des Feuerwehrhauses angeklebt war. Sie spürte ganz klar, dass sie das Geld für die Reise ans Meer auftreiben würde. Eine neue Herausforderung für ihre Frauen zeigte sich am Horizont.

– 7 –

Der Traummann

Massimo war wirklich ein hübscher Bursche. Um die vierzig, Mehrtagebart, schwarze, große Sonnenbrille, hochgewachsen, kräftig, aber nicht dick, und mit sicherem Schritt. Untrennbar mit seinem Fotoapparat verbunden, und mit einem beigefarbenen Schal um den Hals, der ihm eine ganz besondere, etwas mysteriöse Aura verlieh. Im Dorf fiel er sofort auf. Massimo war ein Fremder, er kam aus der Stadt, und man sah es ihm von Weitem an, auch an der Art, wie er sich kleidete, mit Sicherheit ein bisschen zu sehr *à la mode* für Daone. Das Dorf und die Dorfbewohner verfügten über ein beinahe untrügliches Radar für die Ankunft von etwas Ungewohntem. Aus den Fenstern der kleinen, dicht an dicht stehenden Häuser konnte man neugierige Augen hervorlugen sehen, die aus dem Verborgenen verstohlen beobachteten, was draußen vor sich ging; und die frische Luft des ausgehenden Sommers verhieß etwas Neues. Auch Massimo hatte sich gedacht, dass es da oben zwischen den Bergen sicher eher frisch sein würde und an jenem Morgen eine helle Lederjacke übergezogen, bevor er in seinen großen, metallic-grauen Jeep gestiegen und sich über zahllose Serpentinen nach Daone hinauf aufgemacht hatte. Noch wusste er nicht, was ihn erwarten würde. Er hatte nur einen seltsamen Anruf einer entfernten Verwandten bekommen, die in jenem kleinen, zwischen den Wäldern verlorenen Dörfchen lebte.

In der Zwischenzeit versammelte Erminia die Frauen mit geradezu überschäumender Aufregung. Sie hatte sich für einen violetten Pullover mit goldfarben abgesetzten Nähten und Knöpfen entschieden, den guten Pullover, den sie normalerweise nur zu besonderen Anlässen trug. Und sie hatte tatsächlich Sonia wütend gemacht, indem sie schon um acht Uhr morgens vor dem Damensalon gestanden hatte, um sich die Haare legen zu lassen. Im Übrigen erforderten Erminias Haare, wie auch die der anderen Frauen des Vereins, sowieso stetige Besuche im Damensalon, worüber Sonia normalerweise sehr glücklich war, auch wenn sie es hin und wieder satthatte, immer nur Haare zu legen. Zumindest verschafften Erminias Haare Sonia eine gewisse Befriedigung. Sie waren von undefinierbarer Farbe, die beinahe schon falsch aussah und ein bisschen an das gefleckte Fell eines Geparden erinnerte. Die einzelnen Strähnen variierten zwischen Weiß, Grau und Braun mit einem Hauch Lila, und an jenem Morgen passten sie perfekt zu dem violetten Pullover. Schwarze Hosen vervollständigten den außergewöhnlich eleganten Look der Präsidentin, die, so sagte man zumindest, in ihrem Leben noch nie Röcke getragen hatte.

»Wo bleibt er denn nur, hat er sich verfahren?«, fragte sich Erminia, murmelte es aber nur leise vor sich hin.

»Wer hat sich verfahren?«, fragte Valentina.

Die Frauen fingen an zu plaudern. Es lag etwas in der

Luft. Erminia war zu aufgeregt, trank dauernd Espresso und kochte welchen für alle anderen.

Endlich, nachdem die letzte Runde kleiner Tässchen ausgegeben war und die zu spät Gekommenen sich gesetzt hatten, verkündete sie allen die bevorstehende Überraschung.

»*Funne!*«, rief sie. »Ich habe einen neuen Vorschlag, wie wir das Geld zusammenbekommen können, um den Ausflug ans Meer zu finanzieren. Der Kuchenverkauf hat ja, wie ihr alle gesehen habt, nicht gereicht, damit wir alle zusammen ans Meer fahren können. Aber gestern ist mir eingefallen, wie es gehen könnte. Franco Ciccio hat mich inspiriert. Wie wäre es, wenn wir auch einen Kalender machen würden, genau wie die Feuerwehrleute? Einen Kalender, den wir dann Weihnachten hier im Dorf von Tür zu Tür oder auf dem Rathaus von Daone verkaufen könnten. Was haltet ihr davon?«

Die Frauen reagierten auf diesen in seiner Extravaganz typischen Vorschlag ihrer Präsidentin mit einer Explosion aus Gelächter und Stimmen. Sie machten einen Lärm wie eine Schulklasse beim Pausengong. Ein Kalender, das war mit Abstand die außergewöhnlichste Idee, die jemals in diesem Saal geäußert worden war. Ein Kalender voller alter Großmütter, davon hatte man ja noch nie gehört! Sich fotografieren lassen? Wo denn? Wie denn? Sie hatten in ihrem ganzen Leben von sich so wenige Fotos machen lassen, dass man sie an den Fingern einer Hand abzählen konnte. Einige hatten sogar nur die Hochzeitsfotos von sich. Was hatte sich dieser Traktor von Erminia da nur wieder in den Kopf gesetzt?

Zugestanden, der Kalender der Feuerwehr war ein echter Augenschmaus mit den Fotos all der hübschen jungen Männer in Uniform, aber wer würde schon einen Kalender mit ein paar alten, faltigen Vetteln darin kaufen?

»Ich werf den Kalender von der Feuerwehr immer gleich in den Mülleimer«, rief Armida beinahe zornig. »Das ist doch Beschiss! Die packen zwei Monate auf eine Seite, so was geht doch nicht! Unglaublich. Wie kann man denn nur auf die Idee kommen, zwei Monate auf eine Seite zu machen? Wenn wir das auch so machen, dann mach ich nicht mit, und außerdem müssen die Mondphasen und die Heiligen mit rein. Die haben die Feuerwehrleute auch nicht.«

Beinahe wäre unter dem Lärm der Gespräche das Telefonklingeln ungehört geblieben. Massimo war in Daone angekommen. Erminia antwortete begeistert und stellte unter den forschenden Blicken der anderen den Überraschungsgast vor.

»Leute, Massimo wird gleich da sein! Er ist Fotograf. Und er kommt aus der Stadt. Er ist Claudias Neffe. Wenn wir einen Kalender machen wollen, brauchen wir einen professionellen Fotografen. Ich dachte, ich überrasche euch damit. Er ist gerade vor dem Rathaus angekommen.«

»Sieht er denn gut aus?«, fragte Armida unschuldig mit einem angedeuteten Lächeln.

Unter Gelächter und in dieser besonders spitzbübischen Luft des Spätsommers, die bis ins oberste Stockwerk des Rathauses drang, betrat Massimo den Versammlungssaal des Vereins, ein wenig eingeschüchtert, verblüfft durch den überraschenden Applaus der Frauen, der ihn ein wenig erröten ließ. Manchmal konnten diese Frauen schon ein bisschen über die Stränge schlagen, ja, hin und wieder war es nachgerade peinlich. Einfach unglaublich, dachte Armida.

»Setz dich, setz dich Massimo, hier mitten rein«, lud ihn Erminia lächelnd ein.

Der Holztisch mit den neugierigen Vereinsmitgliedern darum herum machte beinahe den Eindruck einer Prüfungskommission. Auf einer Seite saßen aufgereiht die Frauen, auf der anderen wartete ein leerer Stuhl. Es fiel dem Fotografen nicht ganz leicht, vor dieser außergewöhnlichen Jury Platz zu nehmen, und eine gewisse Nervosität überkam ihn, weil er nicht die blasseste Vorstellung davon hatte, welche Fragen ihm gestellt werden würden. Aber Massimo war ein gelassener Mensch. Ernst und professionell, einer, der das Spiel zu einem Lebensstil gemacht hatte. Und vielleicht war es ja auch kein Zufall, dass ausgerechnet er an jenem Mittwochvormittag auf diesem Stuhl gelandet war.

»Keine Sorge, Massimo«, fuhr Erminia immer noch lächelnd fort und bemühte sich dabei, ein möglichst korrektes Italienisch zu sprechen. »Wir möchten Ihnen nur ein paar Fragen stellen, um herauszufinden, ob Sie der Richtige für unseren Kalender sind. Wie ich Ihnen schon am Telefon gesagt habe, wollen wir einen Kalender machen, um das Geld für einen Ausflug ans Meer zusammenzubekommen. Dieses Jahr ist das zwanzigjährige Jubiläum unseres Vereins. Wir haben diesen Traum, den wir verwirklichen wollen, und angesichts des Durchschnittsalters der Vereinsmitglieder wollen wir nicht damit warten, bis es zu spät ist.«

»Nur zu, fragen Sie mich«, antwortete Massimo. »Was wollen Sie denn wissen?«

»Wie alt sind Sie, Massimo?«

»Vierzig«, antwortete er mit fester Stimme.

»Meine Güte, so alt!«, rief Erminia, die an dem Tag irgendwie aufgedrehter war als gewöhnlich. »Der Jury ist dreißig.«

»Was heißt hier alt? Und wer ist dieser Jury?«, fragte Massimo.

»Lieber Massimo, der Jury ist der Sohn von Maria Rosa und wirklich ein hübscher Bursche, viel jünger als Sie. Und er ist der Fotograf hier im Dorf, das macht er auch sehr gut. Sie müssten mal die Fotos sehen, die er vom Ausflug zum Heiligtum der Madonna della Neve gemacht hat. Aber weil er so viel zu tun hat, hat Erminia wohl Sie angerufen«, erklärte Enrichetta.

»Jedenfalls sind Sie auch ein hübscher Bursche, Massimo. Nur diese Mode der Männer, sich jetzt so einen Bart stehen zu lassen, überzeugt mich nicht wirklich. Ohne würden Sie besser aussehen«, mischte sich Armida ein.

»Na, Armida, jetzt reiß dich mal zusammen, das ist ja schon peinlich«, rief Erminia sie zur Ordnung. »Hören wir mal weiter. Sind Sie verheiratet?«

»Nein. Das fehlte gerade noch!«, antwortete Massimo wie aus der Pistole geschossen.

»Bravo! Man merkt, dass Sie verstanden haben, wie's im Leben läuft! Hier im Club sind abgesehen von mir und Chiara alles Witwen. Also haben Sie hier freie Auswahl. Wenn Sie das Alter nicht abschreckt, natürlich!«

»Wo die Liebe hinfällt, Erminia!«, scherzte Massimo.

Dennoch begann er, sich ein wenig unwohl zu fühlen bei diesem Verhör, ihm wurde plötzlich heiß, sodass er seine Jacke ausziehen musste.

»Armida! Armida! Armida!«, rief Erminia, versetzte dabei ihrer Freundin eine Serie kleiner Ellbogenstöße und verfiel vor lauter Aufregung in Dialekt: »Guck mal, was Massimo da auf dem Arm hat. Hast du das gesehen? Ein riesiges Tattoo. Was ist das?«

Und da geschah es. Es war seit jenem längst vergangenen Sommer 1950 nicht mehr geschehen, als Armida, in der Nacht des Dorffestes des heiligen Bartolomeo, die nach frisch gebackenen Meringue duftete, unversehens von Roberto am Arm genommen wurde, einem ihrer Spielkameraden, den sie sehr gern hatte. Roberto war der hübscheste Junge des Dorfes und guckte Armida nie an, weil sie unter den Mädchen zwar vielleicht die Netteste, aber auch die Molligste war. In jener sternenklaren Nacht, hinter dem Stamm einer Weißtanne, die alle im Dorf »Bora« nannten, nahm er sie beim Arm, zog sie an sich und raubte ihr den ersten Kuss. Walzerklänge drangen aus der Entfernung herüber. Nur die Birnchen an den Lichterketten, die zum Fest in die Bäume gehängt worden waren und wie Sterne funkelten, waren Zeugen dieses Momentes. Armida erinnerte sich noch an die errötenden Wangen, die ihr Gesicht plötzlich erhitzten. Und wie damals, 1950, errötete Armida angesichts von Massimos Tattoo. Aber vor allem bekam sie kein Wort mehr heraus. Das Lächeln, das ihr Gesicht zum Leuchten brachte, sagte derweil mehr, als Worte hätten jemals sagen können. Auch, weil Armida im Dorf dafür bekannt war, dass sie niemals lächelte. Das letzte Mal war hinter der Bora gewesen, 1950, aber das wussten nur sie und Roberto.

»Pass auf, Armida, ich seh dich, spiel hier nicht die Schmeichlerin«, sagte Erminia gnadenlos, die keinerlei Skrupel hatte, sich über jemanden lustig zu machen, dem sowieso schon etwas peinlich war.

Armida, immer noch in ihrem verborgenen Zimmer der Erinnerungen und Gefühle gefangen, brachte nichts anderes heraus als: »Wirklich ein hübscher Bursche, der Massimo. Wirklich hübsch.«

Ausgerechnet Massimo war es, der sie aus dieser peinlichen Situation rettete, indem er die Aufmerksamkeit auf den Grund seiner Anwesenheit hier oben lenkte. Ein Kalender. Aber wozu genau? Was für Ideen hatten die Damen, was für Fotos wollten sie machen? Im Freien oder im Studio? Folglich entspann sich eine lange Debatte über Arten und Weisen, Zeiten und, natürlich, Kosten. Die Frauen umschmeichelten Massimo derart, dass er irgendwann nicht anders konnte, als ihnen seine Dienste deutlich günstiger als gewöhnlich anzubieten. Wenn der Kalender verkauft würde, würde er seinen Anteil bekommen; wenn es schlecht lief, würde er keine Rechnung stellen. Außerdem erinnerten ihn diese Großmütter doch sehr an seine eigene, die vor ein paar Monaten gestorben war. Immerhin hatte sie das Meer gesehen, mit ihm zusammen, auf einem besonderen Ausflug nur für sie beide.

An jenem Morgen, dessen Luft mit honigduftenden Hormonen gesättigt war, entstand eine lange Liste von Ideen. Es war der erste kreative Moment des »Rhododendron« überhaupt, seit die Gründungsmitglieder darüber hatten entscheiden müssen, welchen Namen der Verein tragen sollte. Unter Rosen, Veilchen und Mimosen hatten sie den »Rhododendron« gewählt, der in der Blüte die Seele und den Charakter ihres Vereins am besten widerspiegelte.

Natürlich hatte Erminia bereits klare Vorstellungen. Wie immer. Der Kalender musste auf jeden Fall schöner werden als der von der Feuerwehr, und die Frauen sollten sich darin so gut wie möglich präsentieren, damit so viel Geld wie möglich zusammenkam.

»Ich stelle mich im Bikini an den Chiese«, verkündete Erminia. »Und ich werde der Januar sein, schließlich bin ich die Präsidentin und muss deshalb als Erste zu sehen sein, nicht wahr?«

»Aber, Erminia, im Januar ist es doch viel zu kalt«, wandte Valentina ein.

»Wir können die Fotos hier im ›Rhododendron‹ machen«, schlug Massimo vor. »Wenn wir alle hier schießen, kann ich später am Computer jeden Hintergrund einfügen, den Sie sich wünschen! Was immer Ihnen gefällt.«

Massimo war sich nicht sicher, ob seine kurze Lektion über Photoshop verstanden wurde. Eines jedoch wurde ihm klar: Diese Bergmädels hegten Träume und Wünsche, die ausgedrückt und mitgeteilt werden mussten. Weil bekanntlich die Träume, wie man in Daone sagt, kein Alter haben.

Er war erst vierzig Jahre alt. Aber an jenem Mittwoch war er zum Mann ihrer Träume geworden.

8

Calendar Girls

Es würde den Rahmen dieser Erzählung sprengen, wollte man die stundenlangen Diskussionen hier in voller Länge wiedergeben, die sich im Folgenden entspannen, und auch die provokatorischen und provokanten Fragen, denen der Fotograf sich stellen musste. Aus diesen schier unendlichen Stunden voller Gespräche, Auseinandersetzungen, Entscheidungen, Gelächter, Anekdoten, Rezepte, Streitereien, heißer Schokoladen, Tiramisú alla frutta (Spezialität von Armida) und, ab einem gewissen Punkt, *caffè corretti* ergab sich eine erste Liste von Motiven. Eine erste Liste, die der Bequemlichkeit halber und ohne sonderliche kreative Bemühungen seitens des Fotografen mit »Liste der Großmütter« überschrieben wurde. Die vorgeschlagenen Motive waren in der Tat nichts anderes als Bilder von dem, was die *Calendar Girls* von Daone am liebsten im Alltagsleben machten, das Beste vom Besten ihres Alltagslebens.

Im Folgenden geben wir das unbearbeitete Dokument des Fotografen wieder, in dem die vorgeschlagenen Motive aufgelistet sind, zusammen mit einigen persönlichen Anmerkungen über die Frauen, die an jenem spätsommerlichen Mittwoch anwesend waren.

Liste 1 – Was ich gerne tue

1. Erminia – Januar
   Im Bikini am Ufer des Chiese posieren

Die Anführerin der Gruppe. Entwaffnend sympathisch, ebenso entwaffnend ist allerdings auch ihre Lust an der Provokation. Deshalb will sie ein etwas »gewagtes« Foto machen, und natürlich auch, damit sich der Kalender besser verkauft, weil sie alles dafür tun würde, um ihr Ziel zu erreichen. Erminia liebt es, von sich reden zu machen und sich in neue Abenteuer zu stürzen. Ihr Mut hat mit den Jahren nicht abgenommen. Deshalb will sie, ungeachtet ihres Alters, im Bikini posieren, unter einem kleinen Sonnenschirm an einem Cocktail nippend, am Ufer des Chiese, auf tausendfünfhundert Metern über dem Meeresspiegel mitten im Wald. Sie wird einen Bikini mit Leopardenmuster tragen. Zusammen mit Chiara ist sie die einzige der zwölf Frauen, deren Mann noch am Leben ist. Und sie ist die Einzige im Verein, die raucht, und die Einzige, die ziemlich sportlich fährt. Ihr Mann ist sehr geduldig.

2. Jolanda – Februar
   Zusammen mit Esel Arturo

Jolanda liebt ihren Esel Arturo. Sie liebt ihren Garten, das Land, die Tiere und sie liebt es, an der frischen Luft zu sein. Seit sie verwitwet ist, verbringt sie viele Stunden mit der Pflege ihres Gemüse- und Blumengartens. Sie lebt allein mit einem erwachsenen Sohn, für den sie zwei Mal täglich eine Mahlzeit bereitet. Drei Mal die Woche hat sie die Enkelkinder da, die Kinder ihrer Tochter. Wenn die Enkel nicht da sind und es auch nicht Mittagessenszeit ist, ist ihr Haus leer; zum Glück gibt es im Garten noch Arturo, der ihr Gesellschaft leistet und sie zum Lachen bringt. Jolanda hat ein ansteckendes Lachen. Und eine schöne Seele, ein sonniges Gemüt. Sie ist großzügig, obwohl ihr Leben ziemlich schwierig gewesen ist. Aber sie sagt, sie habe ein dickes Fell, genau wie Arturo. Deshalb möchte sie ein Foto mit ihm, während sie ihn umarmt. Es muss so bald wie möglich gemacht werden, weil Arturo mit dem ersten Frost nach unten ins Tal zieht, wo es etwas wärmer ist, wie mir eine besorgte Jolanda wiederholt gesagt hat.

3. Armida – März
   Wäsche waschen am Brunnen

Armida liebt es, am Brunnen Wäsche zu waschen. An einem ihrer typischen Tage, die immer nach demselben Muster verlaufen, darf Folgendes nicht fehlen:
1) Den Rosenkranz mit Don Bruno beten (wenn er da ist, am frühen Morgen)
2) Mittagessen kochen, allerspätestens ab elf
3) Am Brunnen Wäsche waschen
4) Nach dem Abendessen einen Liebesfilm im Fernsehen sehen
5) Mindestens eine Stunde »Settimana Enigmistica« bearbeiten, eine Rätselzeitschrift, weil das das Gehirn auf Trab hält, sagt sie.

Armida liebt es, die Wäsche so wie früher zu machen. Mit der Waschmaschine ist es nicht mehr dasselbe. Sie hat eine spezielle Methode, um Fettflecken herauszubringen, die sie als kleines Mädchen von ihrer Mutter gelernt hat. Sie lebt allein in einer winzigen Wohnung mit einer einfachen Küche und einem großen Fernseher, neben dem Brunnen vor dem Rathaus, der gleichzeitig ihr Lieblingsbrunnen ist, gegenüber vom Friedhof. So hat sie alles ganz in der Nähe. Allerdings ist heutzutage der Friedhof verlegt worden, und man braucht ein Auto, um hinzukommen. Und obendrein wurde ihr Führerschein dieses Jahr nicht mehr verlängert.

4. Vitalina – April
   Den Kater streicheln

Vitalina, Jahrgang 1935, lebt allein mit ihrem Kater in einer kleinen Wohnung über dem Damensalon in der Via San Bartolomeo 40. Gegenüber der Kirche, neben dem Rathaus. Sie sagt, es mache ihr nichts aus, direkt auf den alten Friedhof zu blicken, das würde sie nicht schrecken. Sie hat ein schmales Gesicht, und ihre Wangen sind stets mit einem Hauch von Rot überzogen. Sie trägt immer eine Perlenkette. Witwe, Diabetikerin, mit einer Leidenschaft fürs Einkochen und Marmeladenmachen, ist es ihr das Liebste im Leben, sich unten im Salon die Haare legen zu lassen und mit ihrem Kater im Wohnzimmer auf dem Sofa zu sitzen. Der Kater heißt Sergio. Sergio ist dreizehn Jahre alt und ein roter, außergewöhnlich geschwätziger und rebellischer Kater, aber Vitalinas einziger Gefährte. Er ist wie ein Sohn für sie. Zwar hat Vitalina einen Sohn, aber der lebt in der Schweiz und kommt nur alle drei Monate zu Besuch. In der Schweiz lebt auch ihre Zwillingsschwester.

5. Irma – Mai
    Heidelbeeren sammeln

Irma lebt im ältesten Haus des Dorfes. Sie ist auch die Älteste im Seniorenclub. Obwohl sie zu den über Fünfundachtzigjährigen zählt, arbeitet sie jeden Tag stundenlang in einer mit Blümchen bestickten Schürze im Gemüsegarten. Sie zieht ihre eigenen Kartoffeln und ihren eigenen Salat. Aber was sie am meisten liebt, ist, im Wald Heidelbeeren pflücken zu gehen. Im Dorf wird sie meist mit einer alten Schubkarre gesehen. Sie hat nur einen Sohn (nicht verheiratet), der sie immer ausschimpft, weil er nicht möchte, dass sie in ihrem Alter so viel auf dem Feld arbeitet, und der sie keine Heidelbeeren im Wald sammeln lassen will. Aber sie möchte auch nicht im Haus bleiben und da nur »vor sich hin munkeln« oder Essen kochen. Also wird sie wütend, wenn ihr Sohn sie ausschimpft, und droht ihm damit wegzulaufen. Da sie aber dann nicht weiß, wohin, bleibt sie zu Hause und macht ihnen etwas zu essen. Irma fürchtet sich ein bisschen vor den Fotos, weil die ihr die Seele rauben könnten. Als Erminia sie bat, sich für den Kalender fotografieren zu lassen, hat sie sich bekreuzigt.

6. Enrichetta – Juni
    Sich um die Rosen kümmern

Enrichetta hat helle Haut, blonde Haare und strahlend

blaue Augen. Sie trägt einen modernen Kurzhaarschnitt und rühmt sich, die Eleganteste des Clubs zu sein. Auf merkwürdige Weise ähnelt sie Lady D. Sie trägt immer ein buntes Halstuch. Und sie ist die Mutter des Dorfarztes und die Kassenwartin des Vereins. Dieser Umstand verleiht ihr eine gewisse Bekanntheit und ist der Grund für ihr nicht gerade pazifistisches Verhältnis zur Präsidentin: Sie diskutieren bei den Versammlungen häufig über die Bilanz des »Rhododendron«. Außerdem hält sie den Anwesenheitsrekord bei den von Erminia organisierten Ausflügen des Vereins. Ja, vielleicht war sie sogar öfter dabei als Erminia selbst.

Sie würde gern häufiger ihre Tochter sehen, die ein bisschen zu weit weg wohnt. Sie lebt allein in einem Haus unterhalb der Kirche, und ihr Garten ist voller Rosen. Sie hat viele verschiedene Sorten: Hundsrosen, weiße Rosen, purpurfarbene Rosen, die sie mit Hingabe und Liebe pflegt. Das Zimmer der Tochter ist immer noch so eingerichtet wie damals, als sie noch klein war. Es ist voller Puppen aller Arten, die nach Kernseife riechen und ordentlich aufgereiht, eine neben der anderen, auf dem Bett sitzen.

7. Berta – Juli
    Espresso bereiten

Berta ist witzig. Ein mageres Großmütterchen mit einem enormen Buckel. Sie hat schlohweißes Haar, das mit Lockenwicklern in Form gebracht wird. Sie geht mit einem Stock, wie eine Großmutter aus den Märchen, ja, sie sieht wirklich aus wie eine sehr kleine, magere, sehr alte Hexe. Sie geht sehr langsam. Sie braucht zwölf Minuten von sich zu Hause bis in die Kirche, obwohl sie direkt hinter der Sakristei wohnt. Berta liebt es, Espresso zu bereiten. Aber nicht mit einer modernen Kaffeemaschine, sie kocht ihn mit einem alten Maschinchen und serviert ihn dann mit einem winzigen Kännchen frischer Sahne. Die Sahne stammt von den Kühen ihrer Tochter, die mit den Tieren im Tal lebt. Es heißt, dieser Espresso sei eine beinahe mystische Erfahrung, die man nicht verpassen sollte. Auch wenn man dafür etwas Geduld mitbringen muss, weil Berta wirklich sehr langsam ist, auch beim Kaffeekochen.

8. Orsolina – August
    Während sie Sonnenblumen malt

Orsolina ist die Malerin des Dorfes. Sie malt naturalistische Landschaften und Stillleben. Sie hat nie eine Schule oder einen Kurs besucht, aber als die Kinder aus dem Haus waren, fühlte sie sich ein wenig verloren und einsam. Durch Zufall hatte sie in Daone auf der Gemeinde eine Gemäldeausstellung gesehen und daraufhin ihre Kinder gebeten, ihr Pinsel, Farben und eine kleine Staffelei zu besorgen. Seither hat sie nicht mehr aufgehört zu malen. Vor allem liebt sie es, Sonnenblumen zu malen, und hätte gern ein Foto von sich selbst, während sie in ihrem Wohnzimmer malt. Allerdings ist das ein dunkles, dunkles Zimmer, in dem man kaum die Hand vor Augen sieht. Vielleicht trägt sie deshalb immer eine so dicke Brille. Sie malt immer im

Sitzen, weil sie ein Problem mit der Hüfte hat. Folglich sind alle Gegenstände auf ihren Bildern immer ein wenig von unten dargestellt. Letztes Jahr hat sie den von der Gemeinde organisierten Malwettbewerb gewonnen. Es war einer der schönsten Momente ihres Lebens.

9. Teresa – September
Kinder unterrichten

Teresa zählt zu den Jüngsten der Gruppe. Sie ist erst vor Kurzem in Rente gegangen, davor unterrichtete sie die Grundschüler von Daone. Deshalb möchte sie ein Bild beim Unterrichten machen, denn das war ihr das Liebste im Leben und es fehlt ihr am meisten. Sie hatte auch vorgeschlagen, den Kalender mit Fotos von Großmüttern mit ihren Enkeln zu bestücken, aber die Idee wurde verworfen. Leider wird sie, da sie noch so jung ist, von den älteren Mitgliedern noch nicht ganz ernst genommen und in der Folge auch ihre Ideen nicht. Außerdem hegt sie eine besondere Leidenschaft für alles, was mit der Kultur Südtirols zu tun hat. Wahrscheinlich hat sie Verwandte dort. Vor allem liebt sie die Trachten. Sie hatte auch an ein Foto in Lederhosen gedacht. Die Idee wurde verworfen.

10. Maria Rosa – Oktober
Mit dem Wohnmobil unterwegs

Maria Rosa ist die Mutter von Jury, dem hübschen und jungen Fotografen/DJ des Dorfes. Ihre Gesichtsfarbe ist ein seltsames Hellbraun, das eine Art spezieller Schutz gegen die Höhensonne zu sein scheint. Maria Rosa liebt gemeinsame Ausflüge mit Jury. Mit ihm teilt sie auch eine weitere Leidenschaft, nämlich die fürs Wohnmobil. Sie haben gerade ihre gesamten Ersparnisse in eins gesteckt und es »Roter Falke« genannt. Maria Rosa hat ein hübsches Lächeln. Sie ist blond und blauäugig und erinnert ebenfalls an Lady D. Sie ist unzweifelhaft die Allerjüngste im Verein, in den sie gerade erst eingetreten ist. Deshalb hat sie sich bei der Versammlung kaum zu Wort gemeldet. Es gilt die Regel, dass die neuen Mitglieder anfangs zu schweigen haben. Die Großmütter können manchmal ziemlich gnadenlos sein.

11. Caterina – November
Den Enkeln zu essen machen

Caterina muss ungefähr hundert Jahre alt sein. Ihre Haare sind so weiß, dass sie beinahe falsch aussehen. Ihre Frisur sieht aus, als trüge sie ein Toupet. Ihr Gesicht ist so hager, dass sie den Eindruck macht, als würde sie schon seit Jahren hungern, dabei isst sie reichlich und kocht auch entsprechend. Caterina verbringt viel Zeit am Herd, um Leckereien für ihre Enkel zuzubereiten, ganz besonders gern Quarkklöße. Ihr Hauptproblem ist allerdings gar nicht, dass sie so dünn ist, sondern dass sie dazu neigt, Dinge falsch zu verstehen. Und so hat sie auch nicht verstanden, dass wir einen Kalender machen müssen, sondern glaubt, wir hätten sie gefragt, was sie zum Mittagessen kochen würde.

12. Amalia – Dezember
Im Hühnerhof

Amalia ist die Kleinste von allen. Wirklich winzig, vielleicht einen Meter vierzig. Sie hat ein Gesicht wie eine kleine Eule, voller lustig aussehender Falten und einen so winzigen Mund, dass auch die Worte so winzig daraus hervorkommen, dass man sie weder hören noch sehen kann. Es sind die winzigen Worte eines winzigen Großmütterchens, die ihre Tage im Hühnerhof mit dem Füttern ihrer Hühner verbringt. Hühner sind ihre große Leidenschaft, weshalb sie ihnen allen Namen gegeben hat. Da sind Elena, Fabrizia und Caterina, Letztere ein kleines, wirklich sehr kleines blondes Huhn. Und dazu der Hahn Beppo, der über sie alle herrscht. Die Eier von Amalias Hühnern sind die besten des Dorfes. Das sagt auch Valeria, die Köchin des Ristorante La Valle. Ihr Hühnerhof macht den Küster Carletto immer ganz nervös, weil seiner Aussage nach die Hühner Pater Artemios Messe stören. Sie lebt seit langen Jahren in einem kleinen Häuschen hinter der Sakristei. Und dann ist da noch das Kaninchen Rudy, das allerdings seit einiger Zeit schon nicht mehr gesehen wurde: Es heißt, es sei im Urlaub, aber niemand weiß, wo.

OKTOBER

9

Im Damensalon

Im Frisörsalon für Damen war von nichts anderem mehr die Rede, genauso wie im ganzen Dorf. Massimos Ankunft, des Fremden mit dem metallicfarbenen Jeep, hatte schon nicht wenig Interesse erregt, und alle fragten sich, was im »Rhododendron« vor sich ging. Der Dorfklatsch hatte dafür gesorgt, dass beinahe ganz Daone es bereits wusste. Das erste Informationsbröckchen an diesem Herbstmorgen war vielleicht sogar tatsächlich aus dem Salon gekommen (möglicherweise von Bergamina …).

Erminia und Jolanda hatten sich im Salon verabredet, der mitten im Zentrum lag, im Erdgeschoss des roten Hauses, in dem Vitalina wohnte, um über den Kalender zu sprechen, aber vor allem, um sich wie jeden Donnerstag die Haare legen zu lassen. Sonia Migliorati, die mehrfach wiedergekürte Frisörin des Jahres, und auch die Einzige des Dorfes, erwartete sie mit einem freundlichen Lächeln auf der kleinen grünen Bank vor dem Salon.

Währenddessen holte in der Kirche Pater Artemio Informationen über die Aktivitäten des Seniorenclubs ein, und zwar vom treuen Küster Carletto, der, zusammen mit den Damen des Seniorenclubs und Vitalinas Kater, zu den größten Klatschmäulern des Dorfes zählte. Carletto, der im Leben schon die seltsamsten Dinge gesehen und getan hatte, wanderte angesichts der neugierigen Fragen des Paters im Kirchenschiff auf und ab und zog sich dabei die unvermeidliche Wollmütze über die Ohren, ein untrügliches Zeichen dafür, dass die Lage wahrhaft verzweifelt war. Nicht einmal ihm wäre etwas so Ungeheuerliches wie ein Kalender eingefallen. Und das, wo er schon so manches im Dorf auf die Beine gestellt hatte, wie damals, als er Plastikfische im Lago di Morandino ausgesetzt hatte, um die Sportangler zu ärgern. Wie er nicht müde wurde zu erwähnen, war er schließlich an einem Freitag in der Fastenzeit geboren, ein Umstand, dem sein seltsames Verhältnis zu Fischen geschuldet war. Und zu Anglern. Pater Artemio war noch dabei zu versuchen, ihn darüber zu befragen, was seine Schäfchen vorhatten, als Carletto sich mit einem Mal nicht mehr konzentrieren konnte; das passierte ihm jeden Tag wieder, wenn Beppo, der Hahn, anfing wie ein Besessener zu kikirikien. Es war nichts zu machen, dieses Vieh trieb ihn in den Wahnsinn. Also versuchte Carletto Beppos Gesang noch zu übertönen, indem er noch lauter schrie, so laut, dass Pater Artemio angesichts des um sich greifenden Wahnsinns ausnahmsweise höchstpersönlich die Kirchenglocken zu elf Uhr läutete. Gabry, der Chef der Musikkapelle, der zufällig gerade vorbeikam und die Misstöne hörte, nahm sich vor, bei Gelegenheit mit Pater Artemio darüber zu sprechen. Vielleicht mussten die Glocken mal gestimmt werden. Bei seiner Musikkapelle hingegen könnte da nur ein Wunder helfen.

Das Läuten der verstimmten Glocken schlug auch gegen

die Fensterscheiben der Bar *Il Paradiso perduto,* die normalerweise voller Gäste war. Einige der Stammgäste drehten
sich zur Tür um, in dem Versuch herauszufinden, woher
dieses durchdringende Schrillen kam, das ihnen Kopf-
schmerzen bereitete, aber dann fiel ihnen wieder ein, dass
sie schon bei der dritten Runde Aperitif waren und kehrten folglich wieder in aller Ruhe zu ihrem Gespräch zurück, das sich natürlich um die Schnapsidee drehte, die
sich die Großmütter in den Kopf gesetzt hatten, die, nach
allgemeiner Meinung, besser daran getan hätten, zu Hause
zu bleiben und Socken zu stricken, anstatt für einen
Kalender zu posieren. Derselben Meinung waren auch die
Bauarbeiter in der Mittagspause, die sich gerade an einen
Tisch im Ristorante La Valle setzten. Die gesamte Vorspeise und den ersten Gang über diskutierten sie darüber,
wie diese Alten es wohl anstellen wollten, den Kalender zu
verkaufen und wer den überhaupt kaufen sollte, wenn man
bedachte, wie alt die Models darin waren. Und es fehlte
nicht an Gelächter, leider. Dann kamen Valerias Hirschkoteletts, und angesichts derer konnte man nur in andäch-
tiges Schweigen verfallen.

In der Zwischenzeit betrat eine Gruppe Sportangler die
Bäckerei, die etwa drei Meter unterhalb des Damensalons
lag. Man weiß nicht warum, aber von je her werden in
Daone die Angelscheine für Sportangler beim Bäcker ausgegeben. Niemand wusste, welche Verbindung zwischen
Brot und Fischen bestehen sollte. Außer vielleicht dem-
jenigen, der sie in der Vergangenheit vermehrt hatte. Keiner der Sportangler jedoch war sonderlich sportlich, wenn
die Rede auf die alten Damen und ihren Kalender kam.

Die spöttischen Bemerkungen, die sie dafür übrig hatten, bekamen zum Glück nur die armen Fische im Lago di Morandino zu hören, die, vielleicht aus Verzweiflung, an jenem Tag besser bissen. Es war ein hervorragender Tag zum Angeln.

Ganz entgegengesetzter Meinung war hingegen Marcello, der Metzger, ein Amateurfotograf, der sich auf Katzen- und Fischporträts spezialisiert hatte. Marcello fand die Idee mit dem Kalender gar nicht so verrückt: Die Großmütter hatten recht, wenn sie ihren Verein retten wollten und etwas unternahmen, um Geld in die Kasse zu bringen. Und außerdem könnte er sich ja noch für das Shooting anbieten, auch wenn es vielleicht schon ein bisschen spät dafür war. Hin und wieder verspürte Marcello das Bedürfnis, etwas Kreativeres zu machen als immer nur Würste.

Von den Gemeindevertretern hatte noch niemand Stellung zu dem Fall genommen. Auf dem Tisch des Gemeindesekretärs lag an jenem Morgen eine schriftliche Anfrage der Damen, den Versammlungsraum am 11. Oktober für eine außerordentliche Sitzung des »Rhododendron« nutzen zu dürfen. Und ausgerechnet in dem Moment, in dem Armida ihre Genossinnen im Damensalon traf, legte der Gemeindesekretär Alfredo diese besondere Anfrage auf einen anderen Tisch, den des Bürgermeisters.

Es war nicht zu übersehen, dass das ganze Dorf die belebende Energie dieser seltsamen Idee wie ein Kribbeln spürte und dass jeder etwas dazu zu sagen hatte. Warum wollten sie einen Kalender machen? Und was für einen denn? Machte man so etwas überhaupt in diesem Alter?

Die ersten goldenen Blätter segelten in Armidas kurze Schritte, die immer ein bisschen schwankend ging, die Nase in der Luft. Ja, beinahe wäre sie in die Tür des Damensalons gelaufen. Ihre Genossinnen saßen bereits unter der Trockenhaube.

»Was für ein schöner Tag, meine Lieben. Fast, als wären wir zu den Jahreszeiten von einst zurückgekehrt. Heute ist der Herbst tatsächlich wie ein richtiger Herbst«, begann sie, stets froh, ein Gespräch übers Wetter anzufangen.

»Armida, fang nicht an zu reden wie eine alte Frau, wir sprechen von ernsten Themen. Hier hab ich die Liste für den Kalender, die Massimo mir gegeben hat. Die Fotos passen, aber die Frauen passen nicht«, sagte Erminia.

»Wieso denn das?«, fragte Armida verblüfft. »Aber das sind doch Frauen aus dem Verein. Natürlich passen die. Es sind unsere Vereinsmitglieder, sie zahlen jedes Jahr ihre Beiträge. Da wird schließlich keine dabei sein, die das nicht tut?«

»Es geht nicht um die Mitgliedschaft, Armida. Das Problem ist, dass da einige dabei sind, die sind viel zu jung. Das passt nicht«, antwortete Erminia.

»Versteh doch, Armida, das ist ein Kalender der Großmütter des Dorfes. Da können wir keine jungen Frauen reintun«, versuchte Jolanda sich an einer Erklärung.

»Es ist ja noch Zeit, um den Kalender vorzubereiten. Und das wird unserer. Wir müssen, wie es im Fernsehen immer heißt, ein Casting machen, und dabei werden wir die eliminieren, die zu jung sind. Ich weiß noch nicht, wie wir's ihnen beibringen, aber am Ende wird die Liste anders aussehen, so haben wir das beschlossen, und jetzt müssen wir den Massimo noch mal aus der Stadt hochholen, damit er die Liste richtig zusammenstellt«, verkündete Erminia.

Namen und Alter von Frauen begannen in der warmfeuchten Luft des Damensalons zu kursieren, und gleichzeitig wurden selbige von Massimo in der weit entfernten Stadt laut wiederholt. Auch er hatte an diesem herbstlichen Morgen über nichts anderes nachgedacht als die Großmütter und ihren Kalender. Als er an einer Ampel stand, zog er die Liste mit den Fotos heraus, weil ihn irgendetwas daran noch nicht überzeugte. Dann wurde es ihm mit einem Mal klar. Er beschloss umzudrehen, und statt ins Büro zu fahren, nahm er die lange, gewundene Straße Richtung Daone. Aus dem Autoradio scholl ein Hit aus den Achtzigern, *Forever young* von Alphaville.

10

Das Rauschen der Träume

»Forever young, I want to be forever young …«

Die Musik noch im Ohr, holte Massimo einmal tief Luft, hob die Stimme und ergriff das Wort in dieser von Erminia einberufenen Eilsitzung des Seniorenclubs.

»Meine Damen, als ich eure Liste durchgegangen bin, ist mir eine Idee gekommen. Die Motive, die ihr mir vorgeschlagen habt, sind schön, aber es sind Bilder von Sachen, die ihr jeden Tag macht, Sachen, die ihr kennt. Was wäre, wenn ich euch einen Kalender mit Sachen vorschlagen würde, die ihr gern tun *würdet*? Also über das, was ihr schon immer mal machen wolltet, was ihr machen wolltet, wenn ihr mal groß seid. Meine Damen! Wenn ich Sie bitten dürfte, mir einen Ihrer Wünsche zu enthüllen, einen Ihrer Träume?«, sagte Massimo immer gerührter.

Vielleicht hatte an jenem Tag auch der Fotograf das Rauschen des Meeres gehört. Oder die Madonna della Neve hatte ihm etwas ins Ohr geflüstert, jedenfalls erkannte Massimo, als er sie so anschaute, dass diese Frauen viele Sehnsüchte hatten, von denen die allermeisten niemals ausgesprochen worden waren. Trotz des Alters, der Witwenschaft, der Einsamkeit, der Taubheit und der Zipperlein forderten sie einen flüchtigen Blick auf die Sterne, bevor sie ins Paradies aufsteigen würden, denn schließlich wird man ja nicht ohne Grund so alt. Vielleicht war es gerade dieses Leben am Ende dieses kalten Tals, das sie so abgehärtet und gleichzeitig im Inneren so lebendig gehalten hat. In ihren Herzen pulsierten Wünsche und Träume, seit so vielen Jahren eingeschlossen, wie es rundherum Berge gab. Und vielleicht war jetzt der Augenblick gekommen, sie auszudrücken, diese Wünsche ans Licht zu ziehen. Die Träume schöner Seelen, die jahrhundertelang in jener magischen Grotte in den Eingeweiden der Erde verborgen waren, würden jetzt endlich fliegen lernen wie die goldenen Blätter in den Sträßchen von Daone.

Und so kam es, dass zum ersten Mal im Versammlungssaal des Vereins kein Laut zu hören war. Lärmendes Schweigen senkte sich herab. Nur das Rauschen des Meeres war aus der Entfernung zu hören, gemischt mit einem neuen Geräusch, dem Rauschen der Träume.

Aber welches Geräusch machen Träume, wenn sie mit einem Mal beschließen, wie verrückt aus dir herauszudrängen?

Welches Geräusch machen Träume, von denen du nicht einmal wusstest, dass du sie hattest, wenn dich auf einmal jemand bittet, sie ihm zu erzählen?

Unterdrückte, vergessene, eingeschlafene, verleugnete Träume, die, wenn sie gerufen werden, sich entscheiden, ans Tageslicht hinauszudrängen. Es ist ein unbeschreibliches Geräusch. Es erinnert an Watte, die plattgedrückt wird, an langsam schmelzenden Honig, an Meringue, die von kleinen Händen zerkrümelt werden. Es erinnert an den jahrhundertealten Ton einer Meeresorgel auf einer einsamen Insel irgendwo weit weg, wo die Wellen in von der Natur geformte Röhren von Muscheln dringen und Musik erschaffen. Das Rauschen des Meeres.

Also, das war das Geräusch, das noch am ehesten dem Geräusch der Träume entsprach. Sicher ist jedenfalls, dass alle zusammengemischt diese Träume nach Meer und Bergen zugleich dufteten. Nach Polenta und Stockfisch.

Im Versammlungsraum herrschten an jenem herbstlichen Dienstag Verwirrung und Beschämung. Freude und Angst. Einigen der Frauen verschlug es den Atem, sodass die eine oder andere sich Sorgen machte, weil es in ihrem Alter schon ein wenig gefährlich sein konnte, mal zwischendrin einfach nicht zu atmen. Niemand hatte sie jemals darum gebeten, über ihre Wünsche nachzudenken oder gar sie auszusprechen und mit anderen zu teilen.

War Massimo also tatsächlich der Mann ihrer Träume? Auch er hörte das Geräusch der Träume, die in jeder Frau auf andere Art und Weise aufplatzten. Einige sprachen sie beinahe schreiend aus, mit einer Glückseligkeit, die sie noch nie empfunden hatten, anderen hingegen tasteten sich langsam zu ihnen vor, mussten lange darüber nachdenken, weil sie noch nie darüber nachgedacht hatten. Wieder andere sprachen sie nur ganz leise aus, flüsterten sie, denn vielleicht war es eine Sünde, sie zu enthüllen.

11

Die zwölf vom Ave Maria

Im Folgenden wird die unredigierte »Liste der Träume« des Fotografen Massimo wiedergegeben, also die Liste jener dreizehn Wünsche, die von den aus den Stegreif zusammengestellten *Calendar Girls* von Daone geäußert wurden. Wie es dazu kam, dass es dreizehn *Calendar Girls* waren, wenn doch Kalender schon immer nur aus zwölf Monaten bestanden? Gibt es in Daone einen Monat mehr? Die Daoneser verneinen das. Nein, es war einfach nur ein Traum mehr, vielleicht waren es sogar noch mehr Träume, aber an jenem Morgen waren im Versammlungsraum nur zwölf Frauen anwesend, und der dreizehnte Traum war nichts anderes als das Foto eines gemeinsamen Traums: Sie alle zusammen mit den Füßen im Meer.

Und so sollte der Kalender auf einstimmigen Beschluss der *Calendar Girls* einen Monat mehr erhalten, wie sie es im Grunde ja auch verdient hatten.

Die Liste enthält auch die von der Präsidentin und dem Ältestenrat des Seniorenclubs »Il Rododendro« verordneten Ersetzungen.

Liste 1 – Was ich gerne tun würde

1. Erminia – Januar
   Einen Millionär heiraten

Ihr Traum besteht darin, einen Millionär zu heiraten. Aber einen echten. Der sie überallhin in die Welt mitnimmt. Danach würde sie sich sofort wieder scheiden lassen.

2. Jolanda – Februar
   Reiten auf einer Ranch in Amerika

Jolanda träumt davon, auf einer von diesen amerikanischen Ranches, die man im Fernsehen sieht, einen Hengst zu reiten. Vielleicht mit so einem von diesen großen Cowboyhüten auf dem Kopf, der in diesem Fall ein Cowgirl-Hut wäre.

3. Armida – März
   Eine Kreuzfahrt machen

Armida träumt davon, eine Kreuzfahrt zu machen. Vielleicht auf diesem *Love Boat* (das sie »Love Botte« ausspricht). Wenn auch noch der Kapitän der gleichnamigen Serie dabei wäre, wäre das sehr schön, selbst wenn er nur wenig Haare hätte.

4. Vitalina – April
   In großem Stil hausgemachte Konserven produzieren

Vitalina träumt davon, eine große Produzentin von Kon-

serven und Marmeladen zu werden. Die beste von Daone.
Dann könnte sie ganz viele für ihren Sohn machen, wenn
der aus der Schweiz zu Besuch kommt.

5. Irma – Mai
    Nach Lourdes fahren

Irma träumt davon, nach Lourdes zu fahren. Auch wenn
sie sich zwischen Lourdes und einer Fahrt nach Rom zum
Papst nicht recht entscheiden kann. Es war auch der Traum
ihres verstorbenen Ehemanns. Leider ist er, statt in
Lourdes, am Ende auf dem Friedhof gelandet, wie Irma
ein bisschen verärgert sagt.

6. Enrichetta – Juni
    Im Bus nach London fahren

Enrichetta träumt davon, im Bus nach London zu fahren.
Die Reise von Daone nach London ist ziemlich weit, aber
es würde ihr nichts ausmachen, so lange im Bus zu sitzen.
Sie möchte gern in einen dieser roten Busse mit zwei
Stockwerken einsteigen, ein Tuch um den Hals, und so
tun, als wäre sie Lady D.

7. Berta – Juli
    Espresso kochen
    von Valeria ersetzt durch: *Bei einer Fernsehsendung ge-
    winnen, um nach Australien zu fahren.*

Berta hat zurückgezogen. Die Kaffeemühle ist kaputtgegangen. Als Ersatz wurde Valeria vorgeschlagen, die Köchin des Ristorante La Valle. Valerias Traum besteht darin, in der »Fernsehsendung mit den Paketen«, *Affari tuoi,* zu gewinnen. Mit dem Geld würde sie nach Australien fahren und den Spuren der alten Goldsucher am Klondike folgen. Die Tatsache, dass der Klondike nicht in Australien ist, scheint sie nicht zu interessieren.

8. Orsolina – August
   Im Louvre ausstellen

Orsolina träumt, wie jede naturalistische Malerin und nicht nur die, von einer Ausstellung in einer großen Kunstgalerie oder einem Museum. Der Louvre (sie spricht es rigoros »Luver« aus) erscheint ihr der geeignete Ort dafür.

9. Teresa – September
   Kinder unterrichten
   Ersetzt durch Valentina: *Modedesignerin werden.*

Teresa wurde ersetzt. Leider zu jung. An ihre Stelle tritt die weniger junge Valentina. Sie träumt davon, handgestrickte Pullover herzustellen, Stricknadeln sind ihre Leidenschaft. Vielleicht könnte sie eines Tages den Bekleidungsladen in Daone wieder eröffnen und ein Fashion-Blogger werden, um die Modetrends in Daone zu bestimmen.

10. Chiara – Oktober
    Walzer tanzen in Wien

Maria Rosa ist ersetzt worden. Mit Abstand zu jung, noch eindeutiger zu jung als Teresa. Und außerdem hat sie sich ja gerade das Wohnmobil gekauft. An ihrer Stelle ist Chiara ausgewählt worden. Ihr Traum ist es schon immer gewesen, in einem Ballkleid wie jenem von Prinzessin Sissi auf einen großen Ball in Wien zu gehen. Vielleicht am Arm eines hübschen Kavaliers, der jünger als ihr Mann ist.

11. Caterina – November
Den Enkeln essen kochen – sie macht aufgrund eines Missverständnisses nicht mehr mit. Ersetzt durch Zita. *Nach Neuseeland fahren.*

Caterina macht nicht mehr mit. Sie hatte es nicht verstanden oder falsch verstanden. Ihren Platz auf der Liste hat Zita eingenommen, die Schwester von Jolanda. Zita träumt davon, nach Neuseeland zu fahren. Rugby, atemberaubende Landschaften, Maori: Aber vor allem sehnt sie sich nach ihrer Tochter, die aus unerfindlichen Gründen dorthin gezogen ist, um dort zu leben.

12. Amalia – Dezember
Nach Amerika fahren

Amalia träumt davon, eine lange Reise nach Amerika zu machen, vielleicht in einem Fesselballon, weil sie den alten Film *In achtzig Tagen um die Welt* so liebt. Sie würde so gern mal nach Amerika, weil ihre Großeltern dorthin ausgewandert sind. Sie möchte nach ihren Wurzeln suchen, über Daone hinaus, aber sie weiß nicht, wer sich um ihre Hühner kümmern soll, und hat Angst, dass Carletto dem Hahn Beppo in der Zeit etwas antut.

13. *Alle Calendar Girls zusammen mit den Füßen im Meer.*

Wer weiß wo, wann und ob überhaupt. Man muss inniger zur Madonna della Neve beten. Aber nicht, dass es an dem Tag dann schneit!

NOVEMBER

Und führe uns nicht in Versuchung

Die Tage vor dem Fotoshooting waren voller Aufregung und Verwirrung. Das Dorf war in zwei Fraktionen gespalten. Für und gegen den Kalender. Man munkelte, in der Bar würden sogar Wetten darüber abgeschlossen, welche Frauen ausgewählt worden seien. Auch der Frisörsalon hatte eine eigene Vorschlagsliste *Calendar Girls* herausgegeben, aber der Frisörin war es nicht gelungen, genügend Indizien zu sammeln, um das Rätsel zu lösen, weil sie von so gut wie allen Frauen aus Daone Vormerkungen zum Haarelegen bekommen hatte. Marcello, der Metzger, hingegen war ein bisschen niedergeschlagen zu seinen Würsten zurückgekehrt, weil man sich nicht für ihn als Fotografen entschieden hatte. Immerhin begann bald die Jagdsaison und somit die Zeit der Wildwürste, sodass sich seine Stimmung in absehbarer Zeit wieder heben würde. Auf den normalerweise eher ausgestorbenen Sträßchen herrschte ein ungewöhnlich lebhafter Verkehr von Frauen, die von einem Haus zum anderen gingen, um einander Ratschläge und Hilfestellung zu geben. Für den Tag des Shootings musste alles vorbereitet sein, man musste sichergehen, dass jede Frau für den eigenen Traum bestmöglich gerüstet war. Massimo hatte sich da ganz klar ausgedrückt:

Jede musste von zu Hause einen besonders symbolträchtigen Gegenstand mitbringen. Aber Valentina hatte vor lauter Aufregung die Stricknadeln verloren, also lief sie zu Irma, die ebenfalls die guten hatte. Vitalina hingegen ging zu Armida, um ihr die verschiedenen Kochlöffel fürs Einkochen zu zeigen: Sie war im Dorf eine Autorität in diesem Themenbereich und würde ihr den besten Rat geben können. Jolanda lieh sich von Franco Ciccio einen Cowboyhut, einen von diesen braunen aus Leder mit einem Band unter dem Kinn. Stand ihr wirklich gut, der Hut. Er passte perfekt zu den braunen Stiefeln, die sie sowieso fast immer trug, weil der Absatz so bequem war. Es gab auch einen Moment allgemeiner Panik angesichts der Tatsache, dass sich der Hahn Beppo, um den sich Amalia für den Fall ihrer Abwesenheit in Übersee sorgte, eher wenig begeistert von der Idee zeigte, sie zu begleiten und vor allem sich auch noch fotografieren zu lassen. Wie dem auch sein mochte, das größte und womöglich unlösbare Problem war das von Erminia. Wie sollte sie in Daone einen Millionär finden?

Um die Wahrheit zu sagen, waren Männer im Dorf sowieso schon nicht gerade dicht gesät geschweige denn Millionäre. Abgesehen von den Arbeitern, die nach dem Krieg aus allen Teilen Italiens ins Tal gekommen waren, um am Bau der großen Staumauern und des Wasserkraftwerks zu arbeiten, und abgesehen von jenen Abenteurern, die oben in den Bergen klettern gingen, gab es eher wenig Männer. Die, die es gab, waren entweder schon verheiratet oder widmeten sich anderen Leidenschaften. Der Großteil der Ehemänner der Frauen war bekanntlich bereits seit einigen Jahren in ein besseres Leben übergegangen. Die einzigen zwei noch lebenden, Erminias Mann und der von Chiara, beobachteten eher genervt vom Sofa aus ihre aufgeregten Ehefrauen, die auf einmal keinerlei Interesse daran zeigten, Mittagessen zu kochen.

Pater Artemio beobachtete aus der lichtdurchfluteten Kirche aus dem siebzehnten Jahrhundert das turbulente Kommen und Gehen der Frauen. Es lag zu viel Aufregung in der Luft, das tat dem Dorf nicht gut. Und so kam es, dass er am Sonntag beschloss, ein paar Worte zu dem Thema in die Predigt einzubauen, wozu er, um die neue Leidenschaft der Frauen zu rügen, eine Passage aus dem ersten Brief des Petrus wählte: »Denn Gott widersteht den Hochmütigen, aber den Demütigen gibt er Gnade«, dröhnte er von der Kanzel. Dann jedoch, als ihm einfiel, dass auch die Kirche schon ihre Priester für einen Kalender hatte posieren lassen, setzte er hinzu: »Ich erinnere die ganze Gemeinde an diese schöne Initiative, die unsere frommen Frauen da vorantreiben. Aber, meine Damen, lasst euch dadurch nicht von euren häuslichen Pflichten ablenken.«

Carletto, der die Szene betreten hatte, um mit einem langen Stock und einem kleinen Beutelchen die Kollekte einzusammeln, spürte, dass die Luft in der Kirche mehr mit Träumen als mit Gebeten erfüllt war. An einem gewissen Punkt ertrug er das dröhnende Schweigen nicht mehr, und es entfuhr ihm, versehentlich laut, eine Bitte an den heiligen San Bartolomeo: »Barto, hör mal, woran denken die alten Schachteln eigentlich heute, da stimmt doch was nicht, was geht hier vor?«

»Carletto, mach dir keine Sorgen«, antwortete der Heilige, »du weißt doch, hin und wieder hörst du Dinge, die es nicht gibt. Mach dir keine Sorgen, es wird alles gut gehen. Bete lieber darum, dass wir das Geld finden, um meine Statue zu reparieren, wo bei der Prozession an der rechten Ecke ein bisschen was abgebrochen ist. Die Groß- mütterchen sind schon immer fromm, das sind anständige Frauen, sei ganz beruhigt, Carletto. Guck lieber mal die zwei da hinten an der Tür, die haben schon die letzten drei Sonntage nichts gegeben.«

»Gegrüßet seist du, Maria, voll der Gnade, der Herr ist mit dir. Du bist gebenedeit unter den Frauen, und gebene- deit ist die Frucht deines Leibes, Jesus. Heilige Maria, Mutter Gottes, bitte für uns Sünder, bitte, dass ich für den Kalender ausgewählt werde«, betete eine der Frauen.

»Oh, Maria, Herrscherin der erhabensten Berge, zeige uns den Weg den heiligen Berg hinauf, der Christus ist. Hilf uns, nach oben zu schauen, damit wir das Ziel unseres Lebens nicht aus den Augen verlieren: die ewige Vereini- gung mit dem Vater, dem Sohn und dem Heiligen Geist. Amen. Und ich bitte dich, oh Maria, mach, dass ich nicht wegen diesem verfluchten Pflasterstein ersetzt werde«, murmelte Armida.

Und dann, endlich, kam der Tag des Shootings.

– 13 –

Ein Hauch Puder

»Wir sind aus demselben Stoff, aus dem die Träume sind«, dachte Massimo am Morgen des Shootings, als er in den »Rhododendron« kam. Dann dachte er an Armidas Gesicht und überlegte es sich anders. Der große Tag war endlich gekommen, und schon bald würde sich der Seniorenclub von Daone in ein Set verwandeln wie bei der Fashion Week in Mailand.

Der künstlerische Teil der Besetzung, Fotograf, Assistent, Maskenbildnerin und Bühnenbildner, stieg feierlich aus dem metallicfarbenen Jeep, der vor dem Haupteingang zum Rathaus parkte.

Während das Set hergerichtet wurde, trafen nach einem von Erminia ausgearbeiteten Zeitplan die Frauen nacheinander ein. Die Aufregung war so groß, dass einige vergaßen, die Sachen mitzubringen, die sie vorbereitet hatten, während andere zu spät kamen, weil sie vor Aufregung die ganze Nacht kein Auge zugetan hatten. Nicht einmal bei der Hochzeit ihrer Kinder waren sie dermaßen aufgeregt gewesen.

Lichter, Scheinwerfer, Schirme, Stative, Fotoapparate waren in den Versammlungsraum getragen worden, aber das, was die Frauen am meisten interessierte, war ein enormer, von Lampen umgebener Spiegel. Auch wenn sie noch nicht wussten, wozu er diente, wurden sie beinahe magisch davon angezogen, wie kleine, ältliche Nachtfalter. In einer Ecke des Raumes befand sich die Schminkzone. Lucia, die Maskenbildnerin, hatte auf einem blauen Tisch aus der Grundschule alle erdenklichen Arten von Rouge, Lippenstift und Lidschatten aufgereiht, um die Modelle noch bezaubernder zu machen. Nie hatte es ein schöneres Licht gegeben als das, was von dem großen Spiegel ausging, der das Bild der Frauen nach dem Schminken zurückwerfen würde. Ein magisches Licht von reiner Schönheit.

Heute würden sie alle im Rampenlicht stehen. Einmal im Leben, für einige das erste und letzte Mal, würde ein Hauch von Puder ihre Gesichter liebkosen, sie in der Nase kitzeln, etwas Rot würde ihre Lippen entflammen, Mascara ihre Blicke noch eindrücklicher machen. Zum ersten Mal würde sich Zauberstaub sanft auf ihre Wangen legen und sie noch schöner machen, so schön, wie sie noch nie in ihrem Leben ausgesehen hatten. So schön, wie es sich keine von ihnen jemals hätte vorstellen können.

»*Was macht es mir schon, wenn ich nicht schön bin, spielt doch meine Liebe den Maler, und sie wird mich malen wie einen Stern, was macht es mir da aus, wenn ich nicht schön bin ...*«, trällerte Irma, begleitet von Erminia, während sie sich als Erste vor den Schminktisch setzte.

»*Madonna*, Irma«, rief Erminia, »aber du siehst wirklich schön aus, hast du dich denn noch nie geschminkt, nicht mal zur Hochzeit?«

»Ach, geh doch, um Himmels willen, 1951 wussten wir

doch nicht einmal, was Schminken überhaupt ist«, antwortete Irma lachend.

»Wir fahren per Anhalter nach Lourdes«, sagte Massimo und lud Irma ein, näher an den weißen Schirm zu treten, der für die Fotos aufgestellt worden war.

»Aber nur in Gedanken!«, präzisierte sie.

»Nimm mal diese Schachtel hier unter den Arm und halte den Daumen hoch, als wolltest du trampen«, erklärte Massimo sachlich. »Stell dich hier vor den Schirm und schau ins Objektiv, während ich die Fotos mache.«

Dann, angesichts des etwas verdrießlichen Gesichtsausdrucks seines Models, setzte er hinzu: »Wir fahren nach Lourdes, aber mit einem Lächeln auf den Lippen, Irma.«

»Aber in Lourdes sind alle ernst und sagen ihre Gebete auf«, wandte sie ein.

Und so belebte die schüchterne Irma als Erste diesen ganz besonderen Tag voller Licht und Make-up, voller Fotos und Träume, aber vor allem voller schallendem Gelächter.

Es war einfach alles ein bisschen traumhaft. Erminia, auf der Suche nach ihrem Millionär, hegte keinerlei Zweifel daran, dass sie ihn hätte finden können, so verführerisch fühlte sie sich mit diesem roten Lippenstift. Von Jolanda fielen die Jahre nur so ab, als sie ihr Gesicht im Spiegel berührte und sah, wie schön sie aussah, und sie konnte ihre Freude kaum beherrschen. »Yiihaaa«, rief sie vor dem Fotoapparat, während sie den Cowboyhut in die Luft warf und wie ein Profi Massimos Anweisungen folgte. Vitalina brachte beinahe die Maskenbildnerin vor Rührung zum Weinen, als sie sie mit ihren sanften Augen ansah und sich dafür bedankte, wie sehr sie sie verändert hatte. Als sie mit den Löffeln in der Hand vor dem weißen Schirm posierte, schien es, als sähe sie die riesigen Tomaten und Auberginen tatsächlich über ihrem Kopf hängen.

Die Frauen fühlten sich wie im Wunderland. Sie flogen tatsächlich nach Australien, sahen Kängurus und warfen sich in riesige Wollknäule. Orsolina sah sich direkt von einem Bilderrahmen eingerahmt, und Amalia kletterte eine Leiter hinauf, um mit dem Hahn Beppo den Fessel-ballon zu besteigen, der sie nach Amerika bringen würde.

Und so verging der Tag, so schnell, dass die Frauen schon beinahe Angst bekamen, in einem Blitzlichtgewit-ter, das sie aber unsterblich machen würde. Und vielleicht würde ja tatsächlich, wie eine von ihnen sagte, jemand dieses Foto auf den Grabstein tun.

»So was hätte ich mir niemals vorgestellt, in meinem Alter, mit dem Leben, das ich gelebt habe, alles andere als ein Traum ...«, kommentierte Valentina furchtsam.

Und ja, das stimmte tatsächlich, was Valentina da sagte. Zum ersten Mal, nach einem Leben voller Mühsal und Plagen, taten diese Frauen etwas für sich und nur für sich allein. In einem Alter, in dem von niemandem mehr er-wartet wird, dass er noch träumt. Und viele von ihnen gingen nach Hause und trugen die Schönheit noch weiter am Leib. Für diesen einen Tag, während sie sich im Dorf und in ihrem Haus bewegten, wurden die Frauen mit anderen Augen betrachtet und betrachteten sich selbst mit anderen Augen.

Nur Armida fehlte. Sie hätte als Letzte für den Kalender posieren sollen, und dann wäre der Kalender der Träume in den Druck gegangen. Massimo fing allmählich an, sich wirklich Sorgen zu machen, denn eine solche Verspätung war vollkommen untypisch für sie. Hatte sie es sich etwa anders überlegt? Ausgerechnet sie? Nur wegen diesem Pflasterstein? Oder war sie vielleicht allein ans Meer durchgebrannt?

Aber um zu wissen, wo Armida abgeblieben war, müssen wir die Zeit ein paar Wochen zurückdrehen.

14

Dieser verfluchte Pflasterstein

Von klein auf neigte Armida dazu, beim Gehen die Nase
ein wenig hoch zu tragen. Ihre Mutter hatte sie das gelehrt. Was auch immer ihr im Leben widerfuhr, angesichts
jeder Gefahr sollte Armida immer mit leicht erhobener
Nase gehen, immer den Kopf hoch tragen und ihren Blick
zum Himmel richten. So hatte ihre Mutter es sie gelehrt,
auch wenn sie wohl vergessen hatte hinzuzufügen, dass es
unter Umständen gefährlich sein kann, wenn man nicht
guckt, wohin man die Füße setzt. Und obwohl ihre Freundinnen oft genug versucht hatten, sie vor den Risiken dieses albernen Nasehochtragens zu warnen, stolperte Armida
an jenem Morgen. Sie stolperte und fiel stumpf mit dem
Gesicht nach unten über einen hochstehenden Pflasterstein auf der Hauptstraße von Daone. Der Aufschlag war
so laut, dass man es sogar im Ristorante La Valle hörte.
Und folglich war es auch Valeria, die den Rettungsdienst
rief. Die hübsche Nase, stets hoch getragen, fand sich an
diesem Freitagmorgen plötzlich nach unten gequetscht auf
dem Pflaster vor der Kirche.

»*Oh, Madonna santa,* tut das weh!«, rief Armida aus.
»Meine arme Nase, sie wird doch nicht gebrochen sein?«

Armida war zum Lachen, auch wenn es eigentlich zum

Weinen war. Vielleicht wegen ihres Gesichts, vielleicht, weil sie immer so deutlich sprach, und vielleicht, an diesem Morgen, wegen ihrer gebrochenen Nase, die ganz und gar nicht mehr nach oben zeigte.

»Daran ist nur dieser verfluchte Pflasterstein schuld!«, rief sie allen zu, die ihr zu Hilfe geeilt waren. Darunter war auch der Moser, der Techniker der Gemeinde, der ihr zusammen mit Don Bruno wieder auf die Beine half. Es war nicht so ganz leicht, Armida wieder auf die Beine zu helfen, da, sagen wir es mal so, ihre Diät eher zu den hyperkalorischen zählte, auch wenn sie jeden Tag zehn Minuten auf dem Hometrainer fuhr, um in Form zu bleiben. Leider jedoch hatten ihre rundlichen Formen den Aufprall nicht abmildern können.

»Daran ist nur dieser verfluchte Pflasterstein schuld!«, rief sie erneut. »Ich verklage die Gemeinde. Man kann doch unmöglich auf der Straße direkt vor der Kirche einen Pflasterstein dermaßen hochstehen lassen, das ist doch gefährlich«, fuhr sie ein wenig erregt fort. Als sie wieder auf den Füßen stand, klagte Armida auch über einen gewissen Schmerz im rechten Bein. Besorgt, ungeachtet der Tatsache, dass sie unter aller Augen mitten auf der Straße stand, zog sie die Hosen hoch: ein riesiger, blau-schwarzer Bluterguss breitete sich kreisförmig auf ihrer schönen Wade aus, die noch nie im Leben die Sonne gesehen hatte. Jetzt brauchte sie aber wirklich schnellstens einen Arzt.

Der Arzt des Dorfes, Carmelo, Enrichettas Sohn, stellte, nachdem er die Patientin besucht hatte, eine zweifelsfreie Diagnose: Armida hatte sich die Nase gebrochen. Jetzt musste sie strikt Ruhe halten und vor allem weitere Stürze vermeiden. Folglich verschrieb er ihr vierzehn Tage Ruhe zu Hause und verbot streng jegliche Spaziergänge. Nur so würde die gebrochene Nase heilen können. Indem sie Ruhe hielt. Nur die abendliche »Settimana Enigmistica« gestand er ihr ausnahmsweise zu, unter der Voraussetzung, dass Armida wirklich aufpasste.

Kaum vom Arztbesuch wieder zu Hause, klingelten auch schon ihre Freundinnen Erminia und Jolanda, um zu hören, was geschehen war. Armida öffnete die Tür mit einem unerwartet breiten Lächeln, so breit wie das große Pflaster, das mitten auf ihrer Nase prangte, die so gut wie vollständig davon verdeckt wurde.

»Habt ihr gesehen, wie hübsch ich aussehe?«, rief sie beinahe froh. »Ich habe eine gebrochene Nase, und der Dottore sagt auch, dass daran dieser verfluchte Pflasterstein schuld ist. Das werde ich dem Bürgermeister sagen, dass er mal alle Sträßchen des Dorfes mit der Walze einebnen muss, das ist doch gefährlich, oder etwa nicht?«

Die Freundinnen, aufrichtig besorgt, verlangten nach detaillierteren Schilderungen des Unfalls, und so setzten sie sich alle zu einem Plausch an den Küchentisch. Erminia jedoch machte sich um etwas ganz anderes Sorgen.

»Hör mal, Armida, es tut mir ja leid, dir das sagen zu müssen, aber mit dieser Nase kannst du nicht in den Kalender. Du bist ja ganz blau im Gesicht. Da werden wir dich wohl ersetzen müssen«, verkündete die Präsidentin eiskalt.

Manchmal konnte sie wirklich herzlos sein, diese diabolische Erminia. Das war es also, worum sie sich in Wirklichkeit sorgte: der Kalender. Andererseits war die Nase wirklich blitzeblau und schwoll dazu noch unübersehbar weiter an. Aber der Kalender war wichtiger als alles andere. Noch wichtiger als Armidas Nase.

»Eh, nein, meine liebe Erminia«, gab die Betroffene sofort mit Nachdruck zurück. »Ihr ersetzt mich nicht, oder? Das wird der Fotograf entscheiden. Ihr könnt mich ja für ein Weilchen in Klammern setzen, und dann wird Massimo sehen, was er macht. Weißt du, Erminia, mit Schminke kann man heutzutage wahre Wunder wirken.«

Dennoch hatte diese Auseinandersetzung mit ihren Freundinnen Armida nicht gerade wenig betrübt, sodass sie sie relativ schnell hinauskomplimentierte und sogar, ohne ihnen etwas von ihrem Tiramisú anzubieten, das sie früher am Tag zubereitet hatte. Seit 1973, als die drei über die üblichen Verdächtigen beim Holzwiegen in Streit geraten waren, hatte sie ihnen das Tiramisú nicht mehr verweigert. In den folgenden Tagen, während sich leichter Raureif auf die Straßen des Dorfes legte, wurden auch sie ein wenig kühl. Und so kam es, dass Armida bei der Messe am Allerheiligensonntag, während nach altem Brauch zwischen Schneckenhäuser gelegte Grablichter den Frauenchor bei der Andacht beleuchteten, sich Armida an die Madonna della Neve wandte und sie um Hilfe bat: »Oh, Maria, Herrscherin der erhabensten Berge, zeige uns den Weg den heiligen Berg hinauf, der Christus ist. Hilf uns, nach oben zu schauen, damit wir das Ziel unseres Lebens nicht aus den Augen verlieren: die ewige Vereinigung mit dem Vater, dem Sohn und dem Heiligen Geist. Amen. Und ich bitte dich, oh Maria, mach, dass ich nicht wegen diesem verfluchten Pflasterstein ersetzt werde.«

»Durch was ersetzt werden?«, hörte Armida fragen und sprang beinahe auf vor Schreck. Hinter der Bank lugte Carletto hervor, der die Kollekte einsammelte und an jenem Tag bei der Messe unter den Frauen auf die Jagd nach Träumen und Gebeten ging.

Die Tage vor dem Shooting verbrachte Armida in einem leicht frostigen Klima. Sie bat Sonia, die Frisörin, passende Schminke zu finden, um den gelben Fleck, der sich über ihre Nase ausbreitete, zu überdecken. Dann bat sie Doktor Carmelo um Hilfe, dass er ihr Packungen mit Rosmarin-Eis verschrieb, nach ihrem eigenen Rezept. Nichts. Die Schwellung wurde nicht geringer, während die Tage verflogen wie der Wind. Nur Massimo würde sie noch retten können. Auch weil, wenn er es nicht täte, sie ihn zum Frühstück verspeisen würde, wie Armida eines Tages zu Vitalina sagte. »Stimmt, Armida, der ist schon zum Anbeißen, der Massimo!«, erwiderte Vitalina lachend.

Am Ende kam auch für Armida der Tag des Shootings. Die Nacht davor war unruhig und einsam. Sie wälzte sich im Bett herum, auch wegen der Schmerzen. Dann fiel ihr wieder eine Empfehlung ihrer Mutter ein, dass man den Problemen des Lebens mit Stolz entgegentreten müsse, und sie beschloss, während der Fernsehnachrichten um sechs Uhr morgens, Nase hin oder her, dass sie sich auf jeden Fall fotografieren lassen gehen würde. Und dann schlummerte sie von einer Sekunde zur anderen ein.

Wenige Stunden darauf betrat Armida in einem sehr eng anliegenden, rosa-fleischfarbenen Pullover, den Irene gestrickt hatte, wegen ihrer eigenen Variante des Sekundenschlafes den »Rhododendron« mit beträchtlicher Verspätung. Sie trug Festkleidung und hatte die Haare perfekt gelegt, allerdings nicht gefärbt, weil wer sich mit beinahe achtzig noch die Haare färbt, sich nun wirklich lächerlich macht, wie sie oft sagte.

Erminia und Jolanda verschlug es vor Überraschung die Sprache, sie hätten keinen Pfifferling darauf gewettet, dass Armida heute kam. In der Bar hatte man ihr nach dem Sturz über den Pflasterstein eine Quote von zehn zu eins gegeben.

Doch zur Überraschung aller zog Armida dermaßen stolz ins Vereinsheim ein, dass ihre Nase, trotz allem, was vorgefallen war, nach oben zeigte.

Massimo begrüßte sie mit einer Verbeugung und einem Handkuss. Auch wenn sie versucht hatten, sich nichts anmerken zu lassen, war klar, dass zwischen den beiden ein besonderes Einverständnis herrschte. Das zeigte sich auch an der Glaskasserolle mit Tiramisú, die Armida nur für ihn mitgebracht hatte.

»Armida, ein Glück, ich habe mir schon Sorgen um dich gemacht«, rief Massimo, als er sie empfing. »Ohne dich hätte ich den Kalender nicht machen können«, sagte er und hielt ihr eine kleine Wildblume hin, die er im Dorf für sie gepflückt hatte. »Ich hatte von deinem Sturz gehört und wollte dich zu nichts zwingen, aber du weißt hoffentlich, dass ich auch einen Monat auf dich gewartet hätte, denn ohne dich wäre es nicht mehr der Kalender der Träume gewesen.«

Erminia und Jolanda wurden fast ein bisschen eifersüchtig, als sie die Szene beobachteten. Dieser Unfall hatte

Armida doch tatsächlich einen traumhaften Moment geschenkt, der ein wenig nach roten Rosen roch.

Und so nahm Massimo sie an die Hand und führte sie mitten ins Meer. Auch wenn sie es noch nicht gesehen oder berührt hatte, würde sie es an Bord ihres *Love Boats* in der Entfernung rauschen hören. Massimo war nicht so schön wie der Kapitän in der Serie, aber immerhin auch kahl. »Er sieht schon gut aus«, sagte Armida, als sie den Fotografen hinter der Kamera beobachtete. Ja, der war wirklich ein hübscher Bursche, der Massimo.

Am Ende umarmten sich Erminia, Jolanda und Armida fest, in gewisser Weise entschuldigten sich die beiden bei ihrer Freundin, und Massimo schoss ein paar besondere Fotos von allen dreien zusammen. In diesem Alter dauern Streitereien, wie bei kleinen Kindern, bekanntlich nie wirklich lange. Man kann es sich nicht erlauben, Zeit damit zu verlieren, es gibt zu viel zu tun, zu spielen und zu lachen. »Leute, wir haben es geschafft! Wir haben es geschafft, den Kalender zu machen, und alle sind gekommen. Sogar Irma, der kleine Angsthase, obwohl sie dachte, dass sie wirklich nach Lourdes fahren müsste. Habt ihr gesehen, dass sie echt einen Koffer mithatte?«, verkündete Erminia.

»Ja, meine Lieben, wir sind wirklich klasse!«, rief Jolanda mit einer Freude und so laut, dass sie danach knallrot anlief.

»Na, Massimo, wir sehen doch wirklich aus wie die drei Ave Maria«, sagte Jolanda.

»Nein«, erwiderte Armida, »eher wie dieses singende Trio, die *Sorelle Bandiera*.«

DEZEMBER

15

Das Riesen-Menü

In den Tagen des Wartens auf den Kalender sah man überall Frauen, die mit gefalteten Händen Däumchen drehten, vielleicht so taten, als beteten sie den Rosenkranz. Es gab ein Grüppchen in der Kirche, in der zweiten Bankreihe rechts, zwei beim Frisör, drei auf der Bank vor dem Rathaus und weitere drei in Marcellos Metzgerei, der für wartende Kunden Stühle zur Verfügung gestellt hatte.

Das Warten hatte eine nur schwer zu stillende Sehnsucht geweckt, und die Frauen konnten sich nicht einmal mehr an ihr Leben vor all diesen umwerfenden Erlebnissen erinnern und wussten wirklich nicht mehr, was sie machen sollten. Langeweile gemischt mit ungeduldiger, leicht reizbarer Nervosität bemächtigte sich der Vereinsmitglieder, sodass sie ein zusätzliches Briscola-Turnier organisieren mussten, um die erregten Gemüter zu besänftigen. Die *caffè corretti* in jenen Tagen waren stärker verbessert als üblich, enthielten mehr Grappa als normalerweise. Erminia hingegen wurde beinahe verrückt vor Ungeduld, und folglich halste sie sich, wie es so ihre Art war, um dieses Problem zu lösen, ein noch größeres auf: das jährliche Festessen anlässlich des zwanzigjährigen Jubiläums mit den beim Kuchenverkauf eingenommenen Geldern zu organisieren.

Weihnachtliche Vorfreude breitete sich im Dorf aus, als der Moser die erste Weihnachtsbeleuchtung an seinen Lampenpfosten anbrachte. Es war wirklich der ideale Zeitpunkt, um den Verein zu feiern. Zum Jubiläumsessen würden alle hundertfünfundzwanzig Mitglieder kommen, und dazu würden die Frauen auch noch die wichtigsten Persönlichkeiten des Tals einladen müssen. Welche Gelegenheit konnte besser für den Verkauf des Kalenders geeignet sein?

Um das große Fest zu organisieren und die ersten Marketingstrategien für den Kalender zu entwickeln, traf sich der große Frauenrat an einem eiskalten Nachmittag gegen 17:00 Uhr im Ristorante La Valle. Eine etwas grausame Entscheidung, um die Wahrheit zu sagen, denn Valerias Restaurant hätte niemals alle Mitglieder verköstigen können, und folglich würde das Essen im einzigen Konkurrenzbetrieb stattfinden, im Hotel-Ristorante Da Bianca.

Bianca war nicht nur ein Hotel-Ristorante, sondern Bianca die Eigentümerin war auch eine wahrhaft weiße Frau, mit schlohweißem Haar, die schätzungsweise an die hundert Jahre alt war. Auch wenn sie Valerias Hirschkoteletts nicht zubereiten konnte, hatte sie eine eigene Spezialität: Weinbergschnecken süß-sauer und frittierte Frösche. In einigen Dörfern hieß es, der Brauch in Daone, zu Allerheiligen die Schneckenhäuser als Grablichter zu verwenden, sei aus der Notwendigkeit entstanden, die Unmengen von Schneckenhäusern, die in Biancas Ristorante anfielen, sinnvoll zu verwenden. Bianca führte zusammen mit ihrem Sohn das Lokal, das einen guten Ruf genoss, auch wenn es nicht so

einfach war, einen Tisch zu bestellen, weil die Telefonverbindung immer schlecht war. Aber wenn man Glück
hatte und einen Platz bekam, dann war es eine Erfahrung,
die man sein Leben lang nicht mehr vergaß. Die Legende
besagt, dass es nach einem Mittagessen bei Bianca unmöglich ist, ins Dorf oder in die Stadt zurückzukehren. Das
Hotel-Ristorante bietet zwei Lösungswege für dieses Problem: sich in die Wiese gegenüber dem Restaurant legen,
in den Schatten der Kiefer Diego Volpi, die zu Ehren eines
im Tal gefallenen Bergarbeiters so benannt worden war,
mit einem guten Latschenkiefern-Grappa als Digestif, oder,
alternativ, sich gleich ein Zimmer im Obergeschoss nehmen, um dort einen ausgedehnten, aber notwendigen und
obligatorischen Mittagsschlaf zu halten. Jedwede andere
Aktivität nach dem Essen ist strengstens verboten und sowieso nicht machbar.

Das »Degustations-Menü« bestand aus siebzehn Gängen
(»ein Häppchen von allem«, den Wirtsleuten zufolge) und
hieß »Riesen-Menü« oder auch »Franco Ciccios Menü«,
weil der Feuerwehrchef der Einzige im Dorf war, der es je
geschafft hatte, alles aufzuessen; die Mengen überschritten
jegliche Norm beträchtlich. Man begann mit den legendären Weinbergschnecken, die in einer Zitronen-Ingwer-
soße serviert wurden, um zum spektakulären Geschmacks-
erlebnis der frittierten Frösche zu gelangen, die mit einer
Gewürztunke serviert wurde, deren Zutaten streng geheim waren.

Auch bei Bianca gab es die drei klassischen Arten
Polenta und dazu eine Auswahl an Fleischgerichten, die
womöglich die des La Valle noch übertraf: Gulasch von

Hirsch und Gemse, Wildschweinschnitzelchen, Wildschweinfilet und Wildschweinkoteletts. Biancas Sohn, Nicola, mästete sie direkt hinter dem Restaurant, und wenn man rechtzeitig kam, konnte man sogar noch aussuchen, welche Art Wildschwein es zu Mittag geben würde. Die Gerichte des ersten Gangs waren unübersehbar eine Feier des Cholesterins. Die Auswahl bestand aus Bandnudeln mit Kaninchenragout oder Tortellini mit Specksahnesoße und Nüssen, Tagliatelle mit Pilzen oder mit Fasan gefüllte Ravioli.

Die süß-sauer eingelegten Gemüse von Bianca allerdings waren und sind, zumindest nach Aussage derjenigen Glücklichen, die sie probiert hatten, ihre überragende Spezialität. Sobald man eines von diesen Möhrchen oder Zwiebelchen im Mund hatte, fühlte man sich an den Mittagstisch seiner Großmutter zurückversetzt, in eine Zeit, in der man noch so klein war, dass man kaum über die Tischkante gucken konnte. Sie schmeckten nach Märchen und Kaminfeuer, nach Heu und Wacholderbeeren.

Der große Rat der Frauen beschloss auch, nachdem sie sich auf eine leicht abgespeckte Version des Riesen-Menüs geeinigt hatten – wenn sie alles genommen hätten, hätte das Geld nicht gereicht, aber vor allem hätte niemand mehr am selben Tag noch nach Hause gehen können –, eine kleine Tombola mit Preisen für die Vereinsmitglieder zu organisieren. Außerdem musste auch an die Musik gedacht werden. Aber da fiel die Entscheidung leicht und auf Jury, den DJ des Dorfes, der seit einigen Jahren den Platz des alten Akkordeonspielers übernommen hatte, der immer ein bisschen zu viel getrunken und regelmäßig schon nach der Hälfte des Festes in irgendeiner Ecke des Saals in sich zusammengesackt und eingeschlafen war. Dramatisch war die Entscheidung, ob anlässlich des Jubiläums eine Torte gebacken werden sollte oder nicht, und wem diese anspruchsvolle Aufgabe zukommen sollte. Die Konditorei des Dorfes hatte schon vor Jahren zugemacht, folglich beschlossen sie, sie aus Gründen der ausgleichenden Gerechtigkeit bei Valeria in Auftrag zu geben. Im Grunde hatten sie ihr ja wirklich einen Tort angetan, indem sie ein Essen bei Bianca organisierten. Aber auch Valeria hatte ja das Recht, sich mal bedienen zu lassen. Diese Frauen hatten wahrlich ihren Teil Mittag- und Abendessen gekocht und sich einen solchen Festschmaus redlich verdient.

Nachdem die letzten organisatorischen Fragen geklärt waren, hängten die Frauen die Ankündigung des Essens im Schaukasten der Gemeinde aus, um keine Einladungen verschicken zu müssen und ein bisschen Geld zu sparen.

Samstag, 1. Dezember, 12:00 Uhr
Essen bei Da Bianca zum zwanzigjährigen Jubiläum
des Seniorenclubs »Il Rododendro«.
Alle Mitglieder sind eingeladen.
15:00 Uhr: Livemusik mit DJ Jury und große Tombola.
Spenden für die Torte werden gern entgegengenommen.

Erminia hatte jedoch trotzdem ein paar Briefe verschickt. An den Bürgermeister, an Pater Artemio, der die Ankündigungen im Schaukasten nicht las, an den Chef der Feuerwehr, aber vor allem an den Ingegnere. Der Ingegnere war der Verantwortliche für die berühmten Wasserkraftwerke weiter unten im Tal. Jene Kraftwerke, die nach dem Krieg nicht nur den Männern der Frauen Arbeit gegeben, sondern auch Italien das Licht gebracht hatten, wie es in dem Dokumentarfilm dargestellt wurde, den wirklich jeder im Dorf gesehen hatte: *Tre fili fino a Milano* von Ermanno Olmi, der damals im Elektrizitätswerk in Mailand gearbeitet hatte.

Die Idee, den Ingegnere einzuladen, war Erminia an einem Nachmittag im November während einer Vorstandssitzung gekommen. Der Verkauf des Kalenders war schließlich kein Witz, und man musste sich etwas überlegen, wie und wo man ihn verkaufen könnte. Und wer hätte ihnen in Fragen des Marketings besser helfen können als der Ingegnere? Und so geschah es.

»34, 56, 304, 782.« Die Losnummern, vorgelesen von wem auch immer, hallten durch den großen Saal des Hotelrestaurants Da Bianca.

Es war wirklich schwierig, sich zu unterhalten und auch etwas zu verstehen in dem weitläufigen, holzvertäfelten Festsaal. Ein Lärm wie von einer Horde brünstiger Affen oder von einem vorösterlichen Rosenkranz erfüllte die Luft, untermalt von einem elektronischen Klangteppich aus Jurys Boxen.

Es waren alle hundertfünfundzwanzig Mitglieder des Clubs gekommen, und das Essen war fantastisch und überreichlich gewesen, genauso wie der Wein. Es war ein richtiges Fest. Zwanzig Jahre »Rhododendron«, das feierte man schließlich nicht alle Jahre.

»Meine Damen und Herren«, hatte Erminia irgendwann während des Riesen-Menüs gesagt, nachdem sie sich des Mikrofons bemächtigt hatte, »wir sind heute hier zusammengekommen, um das zwanzigjährige Bestehen des Vereins zu feiern, und mir scheint, das Fest läuft wirklich gut. Aber für Weihnachten haben wir noch eine Überraschung, denn wir *Funne* haben einen Kalender gemacht, um ein bisschen Geld in die Kasse des Vereins zu bringen. Meine Damen, hoffen wir nur, dass uns die Feuerwehrleute das nicht übelnehmen, denn die werden dieses Jahr mit Sicherheit weniger verkaufen. Außerdem soll ich noch ein paar Worte über das zwanzigjährige Bestehen des Vereins sagen, aber ehrlich gesagt fällt mir dazu nicht viel ein, ich weiß nicht mal, wer den Verein gegründet hat. Aber eins kann ich euch sagen, wenn ich nicht wäre, dann wär's dem Verein schlecht ergangen«, schloss sie in trockenem Ton.

Das war Erminia, wie sie leibte und lebte, oft nicht sonderlich herzlich, ganz im Gegenteil. Dennoch hätte niemand im Saal oder im Dorf dem widersprechen können, was sie gerade gesagt hatte. Ohne sie wäre der Verein nicht das, was er war. Nicht einmal dem Bürgermeister fiel daraufhin noch etwas ein, Erminias temperamentvoller Auftritt hatte ihn beinahe eingeschüchtert. So dankte er ihr nur mit extremem diplomatischen Geschick und Können vor allen Anwesenden für ihre Arbeit. Er war sowieso am Ende seiner Amtszeit angekommen und verteilte in jener Zeit nur noch wohlwollende Grußbotschaften, weil er gern in guter Erinnerung bleiben wollte.

»56, 792, 604, 210.«

»Ich habe gewonnen!«, erhob sich eine Stimme vom Tisch der Gäste.

Der Ingegnere hatte einen Preis in der Tombola ergattert. Ja, weil er sich morgens doch noch entschieden hatte, diese außergewöhnliche Essenseinladung anzunehmen. Auch wenn er in der fernen Stadt lebte, war der Ruf von Biancas paradiesischen Gerichten bis zu ihm vorgedrungen, und da er es nie geschafft hatte, einen Tisch zu bestellen, wegen der bekannten Probleme mit der Telefonverbindung, hatte er seine zahlreichen Verpflichtungen und Aufgaben, wie sie nur ein leitender Angestellter einer großen Gesellschaft oder der Bürgermeister eines Dorfes kannten, zu Gunsten der berühmten frittierten Frösche von Bianca beiseitegeschoben.

»Der Ingegnere hat gewonnen!«, rief Erminia, die die Gelegenheit nutzte, um dem Sieger seinen Preis persönlich zu überreichen. Ein Preis, der aus einem Badezimmer-Set bestand: vier blaue Handtücher in verschiedenen Größen, handbestickt, eine Haarbürste und eine Puderdose, wie man sie seit den Sechzigerjahren nicht mehr gesehen hatte. Und dennoch leuchtete das Gesicht des Ingegneres auf, sodass sein Lächeln den ganzen Saal erhellte. Beinahe übertrieben.

Sein Sieg verschaffte der unermüdlichen Erminia einen Vorwand, um den Unglückseligen, der eigentlich nur endlich mal die frittierten Frösche essen wollte, in ein endloses Gespräch über den Verein, seine Aktivitäten, das Geldproblem, aber vor allem den unglaublich gelungenen Kalender zu verwickeln, der es den Frauen ermöglichen würde, ihren Traum zu verwirklichen: ans Meer zu fahren. Vielleicht würde sogar Bianca sich der Gruppe anschließen, die, das stellte sich an jenem Tag heraus, ebenfalls das Meer noch nie gesehen hatte.

Auch wenn er nach außen hin manchmal etwas rau wirkte, hatte der Ingegnere ebenfalls eine Schwäche für das Meer. Das er zumindest schon ein paar Mal gesehen hatte. Oft erinnerte er sich an jene Tage, die er als kleiner Junge an der Riviera verbracht hatte, wo er sich mit den Freunden vom Strand von früh bis spät unendliche Murmelspiele geliefert hatte. Am meisten hatte er die mit den winzigen Fotos von Radrennfahrern darin geliebt.

Folglich fiel es der Präsidentin nicht sonderlich schwer, ihm ein halbherziges Versprechen abzuringen, einige Exemplare des Kalenders zu erwerben. Und im Übrigen waren doch jene Frauen und jenes Tal und jenes Elektrizitätswerk ein einziges großes Ganzes. An einem gewissen Punkt sah es für den unbeteiligten Beobachter fast aus, als schlössen die beiden einen geheimen Pakt. Erminias Mann beobachtete sie von einem Tisch weit hinten im Saal, längst resigniert angesichts der Extravaganzen seiner Frau.

Das Essen ging weiter bis zur Erschöpfung. Gegen drei Uhr nachmittags fanden sich in allen Ecken des Saals erschöpfte Vereinsmitglieder. Viele schliefen draußen im Garten unter der Volpi-Kiefer. Andere, vor allem die Männer, vergnügten sich noch mit einem Latschenkiefern-Grappa in der Hand damit, regionale Volkslieder zu singen und Morra zu spielen, ein Knobelspiel wie Schere, Stein, Papier. Armida und Jolanda saßen noch am Tisch beim Essen und unterhielten sich mit Valeria über die einzelnen

Gerichte. Der Bürgermeister sprach mit allen Eingeladenen persönlich. Und Valentina fragte ständig, was gerade passierte, weil man beim Verdauen noch schlechter hören konnte.

Die Torte bildete den krönenden Abschluss. Eine riesige Millefoglie mit Marzipandecke, auf der »Herzlichen Glückwunsch Rhododendron« geschrieben stand, zog im Triumph in den Saal ein. Irmas Neffe fotografierte die Frauen, die untergehakt hinter der Torte standen, und DJ Jury beschloss, dass dies der richtige Moment war, um den Tanz zu eröffnen. Es wurde Platz geschaffen, die Stühle im Kreis aufgestellt und los ging's. Die Männer, sitzend, sahen ihren Frauen zu, wie sie lächelnd und glücklich miteinander tanzten.

»34, 218, 45, 30«, verkündete Erminia. Sie war die Letzte, die an der Kurbel der großen Lostrommel drehte, deren bunte Metallstäbe an Regenbögen oder große Lutscher erinnerten.

»Ich habe schon wieder gewonnen!«, rief der Ingegnere ungläubig aus. »Ich hab die Tombola gewonnen!«, wiederholte er dröhnend mit einem Lächeln, das sogar noch breiter war als das vom ersten Mal. Allerdings kannte nur er den wahren Grund für dieses Lächeln. Es hatte mit anderen Kindheitserinnerungen zu tun, allerdings ein wenig traurigen. Der Ingegnere hatte noch nie im Leben in einer Tombola gewonnen. Und unter einer hatte er als Kind ganz besonders gelitten, weil unter den Preisen ausgerechnet jene Murmeln mit den Bildern der Radrennfahrer gewesen waren. Auch er hatte ein hartes Leben gehabt, er gehörte zu den Männern, die ganz aus eigener Kraft etwas aus sich gemacht hatten, mit harter körperlicher und geistiger Arbeit. Aber diese Murmeln hatte er nie bekommen. So kam es, dass der Ingegnere bei jenem Fest hoch oben in den Bergen nicht nur zwei Mal hintereinander in der Tombola gewann, sondern auch noch die Murmeln als Preis bekam. Auch wenn statt der Radrennfahrer Fußballspieler darin waren.

Vielleicht stimmte es tatsächlich, dass dieses Dorf die Macht hatte, Träume Wirklichkeit werden zu lassen.

16

Das Weihnachtsgeschenk

»Ich sehe ja aus wie ein Kinderschreck.«

So rief Armida aus, als sie ihr Foto im Kalender der Träume erblickte. Miss Mont Blanc war für den Juli ausgewählt worden, wo sie in einer wahrhaft kämpferischen Pose, die noch halb gebrochene Nase richtig hochgereckt, abgebildet war: Sie segelte in ihrem *Love Boat,* das aus szenarischen Gründen zu einem Waschzuber geworden war, auf den unendlichen Horizont des Meeres zu.

Wie ein verfrühter Weihnachtsmann war Massimo mit roter Mütze am Nikolaustag ohne Vorankündigung im Club erschienen und hatte den Kalender mitgebracht.

Das Öffnen des großen, braunen Pappkartons war ein bewegendes Erlebnis für die Frauen. Auch wenn sie es nie erlebt und weil sie es sich heimlich immer gewünscht hatten, fühlten sie sich wie Töchter einer reichen Familie am Morgen des 25. Dezember in dem Augenblick, bevor die Geschenke ausgepackt wurden, die unter dem großen Weihnachtsbaum im Wohnzimmer lagen. Schnee, der draußen vor dem Fenster wie weiße Wattebällchen geräuschlos fällt, und Holz, das im Ofen prasselt. Aus der Küche der Duft nach köstlichem Essen. Den Schlaf noch im Auge die Treppe hinunterspringen und vor den bunten, in tausend Farben leuchtenden Paketen stehen und nicht wissen, ob man sie lieber alle gleichzeitig aufreißt oder langsam eins nach dem anderen auspackt. Das Gefühl, das sie empfanden, aber nie zuvor in ihrem Leben erlebt hatten, war das gleiche: Aufregung und Verblüffung, die nach eingeschneiten Kiefern roch (das Heraneilen), die Süße von Vanille und Schokolade (der Blick) und das Glück, das nach kleinen Erdbeeren schmeckte, die man direkt nach dem Pflücken in den Mund gesteckt hatte (der Moment unmittelbar vor dem Öffnen der Pakete).

Und an jenem Morgen sah Massimo sie, mit achtzig Jahren wie mit acht, wie sie mit derselben Freude in den Augen ihr Geschenk aufmachten.

»Oh, *Madonna santa!*«, rief mit großen Augen Erminia, die trotz ihres eisernen Charakters ihre Freude und Verblüffung nicht im Zaum halten konnte. »Lass sehen, Massimo, wie der Kalender geworden ist, ich halte das Warten nicht mehr aus.« Die Königin der Herzen, wie neben dem Foto zu lesen war, konnte es nicht fassen. Präsidentin Erminia thronte in einem Wirbel aus Herzen auf dem Deckblatt des Kalenders. Niemand außer ihr hätte der Januar sein können. Auch wenn sie Goldmünzen den Herzen vorgezogen hätte.

Und in der Tat stellte auch Armida die Entscheidung in Frage, die sie treuherzig fragte: »Aber, Erminia, hast du denn wirklich ein Herz?«

»Er ist wunderschön geworden, Massimo, wirklich unglaublich«, sagte Jolanda. »Genau so habe ich es mir vorgestellt, auf einem schönen Pferd wie dem da inmitten der Prärie. Weißt du, wie oft ich schon darüber nachgedacht habe, einfach auf den Rücken von Arturo zu springen und aus Daone wegzureiten?«

»Wo willst du denn hin, Jolanda, um deinen Cowboy zu finden? Das wäre ja das Einzige, was dir dann noch fehlen würde«, kicherte Vitalina.

Trotz ihres wenig begeisterten Kommentars genoss Kinderschreck-Armida das Foto nicht wenig, weil sie Massimos feine Ironie und die darin liegende Poesie erkannte, der sie anstatt an Bord eines echten Schiffes in einen Waschzuber gesetzt hatte. Sie fand diesen Zuber sehr schön, er erinnerte sie an ihren, in dem sie Wäsche wusch, oder an den Kupfereimer, in dem sie die Polenta kochte.

»Na, wo haben sie dich denn reingesteckt, Armida, in eine Schachtel? Statt auf ein Schiff hat er dich in eine Badewanne gesteckt«, meinte, sarkastisch wie immer, Erminia.

Enrichetta hingegen war nicht wirklich zufrieden mit dem Foto. Ihr Problem bestand darin, dass sie winzig klein darauf aussah.

»Ich sehe wie eine alte Frau aus, und das ist überhaupt nicht meine Kuh«, klagte Irma etwas bekümmert. Auf ihrer Reise per Anhalter nach Lourdes wurde sie von einer Kuh begleitet. Aber diese sah ihrer Bernina gar nicht ähnlich, denn sie war nicht schwarz-weiß gefleckt, sondern braun-weiß.

Es wurde eine jener nicht enden wollenden Zusammenkünfte im Seniorenclub, mit Gelächter, Gesprächen, einem guten, hausgemachten Panettone von Jolanda und einem Tröpfchen Sekt zum Anstoßen. Stundenlang betrachteten sie den Kalender und unterhielten sich über die Fotos.

Valentina erhielt Anerkennung dafür, dass sie es gewagt hatte, sich derart »aufgeribbelt« zwischen die Wollknäule zu setzen, während Orsolina ein wenig beneidet wurde, weil sie die Fotogenste von allen war; weil sie so mager war, sagte sie, kam sie auf Fotos immer gut raus. Amalia hingegen fing an darüber nachzudenken, wo sie auf der Reise nach Amerika im Fesselballon ihren Hahn und ihre Hühner lassen sollte, anstatt das vom Fotografen gewählte Transportmittel in Frage zu stellen. Wäre es nicht doch besser, im Flugzeug nach Amerika zu fliegen?

Es gab sogar noch eine große Kontroverse, weil eine der Frauen das Bild der Staumauer von Bissina entdeckte, das in alle Bilder des Kalenders eingefügt worden war. Sie konnten sich das Motiv nicht erklären und hätten es vielleicht nie entdeckt, aber es war sicher, dass Erminia ihre Finger darin haben musste, die beim Jubiläumsessen bei Bianca ein bisschen zu lange mit dem Ingegnere gesprochen hatte. Wer weiß, was sie ihm da alles erzählt hatte, das alte Schlachtross! Fakt war allerdings, dass die Idee mit der Staumauer den Frauen gefiel. Im Grunde war sie ja das Wahrzeichen des »Rhododendron«, sie repräsentierte das Tal, ihre Heimat. So wurden die Frauen auf der Reise zu ihren Träumen von ihren Bergen und ihrem Zuhause begleitet. Ein bisschen wie im Zauberer von Oz: »Am Schönsten ist es immer noch zu Hause.«

Die Zusammenkunft endete dann mit einer großen Diskussion darüber, welchen Titel man dem Kalender geben sollte. Angesichts der Tatsache, dass zehn der zwölf Frauen ihren Mann verloren hatten, kam kurz der Gedanke auf, ihn »Kalender der lustigen Witwen« zu nennen.

Am Schluss entschied man sich aber für »Funne! Der Kalender der Träume«, weil so ihren Mitbürgern aus dem Dorf haarklein erklärt wurde, worum es dabei ging.

An jenem Tag sahen die Frauen, vielleicht zum ersten und zum letzten Mal, ihre Träume, vergessen und dann wieder erinnert und neugewünscht, tatsächlich im Bild und gedruckt. Sie dufteten auch noch gut, diese Träume, denn frisch bedrucktes Papier, das ist bekannt, riecht gut. Es war wirklich eine so schöne Bescherung, wie sie sie als Kinder nie erlebt hatten. Und zu diesem Weihnachten erhielten sie das vielleicht schönste Geschenk von allen: einen Traum für jede. Einen Traum, den sie sich an die Wand hängen könnten und jedes Mal neu anschauen, wenn sie Angst bekamen, ihn zu vergessen.

17

Marketingstrategien Vol. 1

Der Kalender wurde am 12. Dezember gedruckt. Und das war schon spät. Denn wenn eine Hoffnung bestand ihn zu verkaufen, dann vor allem in den Wochen vor Weihnachten, maximal bis Anfang des nächsten Jahres, weil der eine oder andere seine Geschenke erst später verschenkte.

Folglich mussten sie so schnell wie irgend möglich eine passende und einträgliche Verkaufsstrategie entwickeln. Die Einzige, die sich mit so etwas auskannte, war Valeria, die neben Marcello, dem Metzger, das erfolgreichste Geschäft des Dorfes führte. Das für den Verkauf verantwortliche Komitee traf sich unter allergrößter Geheimhaltung im Ristorante La Valle, das an jenem Tag tatsächlich etwas unbestimmt Geheimnisvolles an sich hatte. Der rechteckige Speisesaal, rosa gestrichen mit goldfarbenen Ornamenten als Akzent, stellte mit Stolz die präparierten Köpfe von Wildtieren zur Schau, die strikt nach Größe geordnet an den Wänden hingen. In jenem Saal hatten neben unzähligen Mittag- und Abendessen des Vereins auch die eher privaten Treffen der Mitglieder stattgefunden. Weit entfernt von neugierigen Augen und indiskreten Ohren, die, wie man weiß, sich in einem Dorf überall verbergen.

Nach stundenlangen Diskussionen, begleitet von heißem

Tee und Graziellas berühmtem Karamellkrokant, arbeiteten die Frauen folgende Strategieliste für den Verkauf des Kalenders aus, die in chronologischer Reihenfolge abgearbeitet werden sollte.

✓ Mundpropaganda, wie für den Kuchenverkauf beim Dorffest des heiligen San Bartolomeo. Einfach nur Bergamina reden lassen, dann weiß es das ganze Dorf.

✓ In der Sonntagspredigt. Pater Artemio müsste sagen, dass man den Kalender beim Verein kaufen kann.

✓ Aushang im Schaukasten der Gemeinde. Auch den Preis des Kalenders dazuschreiben?

✓ Tour durchs Dorf mit dem Auto, dem Traktor oder der Ape, wenn Jury sie uns leiht, mit ausreichend Exemplaren des Kalenders. Jemanden (vielleicht die Feuerwehr) fragen, ob sie uns ein Megafon leihen können, damit wir den Kalender ankündigen können, während wir durchs Dorf fahren. Wie es Antonella jeden zweiten Sonntag im Monat für ihren Verkaufsstand mit Kleidung macht; sie auf jeden Fall noch mal nach ergänzenden Tipps fragen.

✓ Den Bürgermeister oder jemanden von der Gemeinde darum bitten, einen Präsentationsabend mit angeschlossenem Verkauf zu organisieren.

✓ Franco Ciccio fragen, wie es die Feuerwehr angestellt hat, ihren Kalender zu verkaufen, aber aufpassen, weil wir ihnen dieses Jahr Konkurrenz machen.

✓ Ansichts-Exemplare bei Marcello, Valeria und vielleicht auch in der Bäckerei und in der Bar auslegen. Eventuell auch in der Bank, in der Genossenschaft, beim Frisör.

✓ Auf den Aushang im Schaukasten auch Erminias Nummer schreiben, falls jemand den Kalender kaufen will, dass er gleich weiß, wohin er sich wenden muss.

✓ Den Ingegnere anrufen.

✓ Die Italienische Vereinigung der Lastkraftwagenfahrer kontaktieren, möglicherweise könnten die auch an einem Kalender mit Großmüttern interessiert sein.

Also, für Großmütterchen aus einem kleinen, abgelegenen Bergdorf, in dem es so kalt war, dass in jenen Tagen sogar die Bären irgendwo anders hingegangen waren, um sich aufzuwärmen; dass sogar die Eiskletterer darauf verzichteten, im Eis zu klettern; dass man sich nur mit einem Rumpunsch wärmen konnte; dass sogar die Statue des heiligen San Bartolomeo eingefroren war und Carletto sie mit dem Fön wieder auftaute; trotz dieser ganzen Kälte und der Abgeschiedenheit hatten diese Großmütterchen wirklich klare Vorstellungen davon, was zu tun war. So viele Ideen. Und die arktische Kälte ließ den Wunsch, ans Meer zu fahren, nur noch stärker werden. Und so schritten sie unverzüglich ans Werk, in dem sie mit der Mundpropaganda begannen und mit Bergamina sprachen, einige Exemplare des Kalenders an den Verkehrsknotenpunkten des Dorfes auslegten und einen von den jüngsten Enkeln zur Feuerwehr schickten, um denen Informationen zur Verkaufsstrategie ihres Kalenders zu entlocken. Bei den Lastkraftwagenfahrern ging niemand ans Telefon, wahrscheinlich waren die gerade alle unterwegs.

Pater Artemio blieb die am schwersten zu knackende Nuss, aber bis Sonntag war es ja noch ein paar Tage hin.

Nur Erminia, mit Unterstützung durch ihre Madonna della Neve, hätte ihn überreden können, ein gutes Wort für sie einzulegen. Außerdem war die Sonntagsmesse der angesagteste Ort, um die Initiative zu bewerben.

Der Gemeindeabend brachte keine nennenswerten Erfolge. Die Frauen in der ersten Reihe des Ratssaals, die Kalender auf einem Tisch ausgelegt, erschienen eher wie Fischverkäuferinnen auf einem Markt denn als *Calendar Girls*. Der Saal, weiß und schlecht möbliert, war kalt und halb leer. Nur ein paar von den Frauen waren gekommen und der ein oder andere Enkel, der um Tische und Stühle herumrannte. Am Ende hatte sogar der Bürgermeister sie in letzter Minute noch versetzt, weil seine ausgedehnte Abschiedstour ihm eine Teilnahme nicht gestattete. An seiner Stelle war der Gemeindesekretär geschickt worden, der sich allerdings nicht gerade durch Scharfsinn hervortat. Unter dem Strich verlief der Abend nicht den Erwartungen entsprechend, auch wenn noch die anderen Punkte auf der Liste blieben.

»Nun schwing schon deinen dicken Hintern da rauf! *Madonna mia,* du bist aber wirklich schwerfällig heute, Armida«, rief Erminia an einem furchtbar kalten Nachmittag im Dezember aus. So unumwunden sprach sie nur mit Armida, die in gewisse Schwierigkeiten geraten war bei dem Versuch, das Verkehrsmittel zu erklimmen, das die Frauen für den Verkauf der Kalender im Dorf gewählt hatten: eine Ape, ein Dreiradauto.

Was hatten sich die drei nur dabei gedacht, in ihrem

Alter mit einer Ape durchs Dorf zu fahren, wie es sonst nur die Jungs des Dorfes taten? Vollgeladen mit Kalendern, die sie auch zur Dekoration des Fahrzeugs verwendet hatten, Erminia am Steuer, Jolanda in der Funktion der Co-Pilotin und Armida mit dem Megafon auf der offenen Ladefläche – so begannen sie die Ape-Tour der Frauen.

»Frauen! Frauen!«, rief Armida aus vollem Halse. »Frauen, der Kalender der Großmütter von Daone ist fertig! Kommt alle an die Fenster!«

Das war der Slogan, den sie für ihre Tour gewählt hatten, ein Slogan irgendwo zwischen der ausgerufenen Werbung von Scherenschleifern und einem Lied von Jovanotti. Und aus vollem Halse brüllend, sodass nicht einmal der Hahn Beppo mithalten konnte, kurvten die Frauen durch das ganze Dorf, das an jenem eiskalten Nachmittag natürlich wie ausgestorben dalag.

Mehr als ausgestorben. Ein unvermeidlicher Misserfolg. Niemand trat ans Fenster, auch wenn viele heimlich zwischen den Vorhängen hindurchlugten. Nur auf Carletto trafen sie, die Statue des Heiligen im Arm, der ihnen fluchend irgendetwas hinterherrief, das sich anhörte wie, sie wären jetzt wohl vollkommen durchgedreht. Und aus seinem Mund machte das schon einen gewissen Eindruck.

Stundenlang fuhren sie die Straßen des Dorfes auf und ab, vier an der Zahl, aber an jenem Tag kamen sie ihnen sehr viel mehr vor. Es gab eine kurze Begegnung mit anderen Verkehrsteilnehmern, als sie auf eine Gruppe Feuerwehrleute trafen, die auf derselben Route waren, um ihren Kalender zu promoten, aber kein Megafon hatten. Ihnen reichte einfach nur ihre Präsenz. Sie brauchten quasi nur anzuklopfen, und ihr Kalender war verkauft. Wer konnte diesem Anklopfen widerstehen, aber vor allem, wer konnte dieser körperlichen Präsenz widerstehen?

»Pass auf, Armida, fall mir nicht da runter, sonst bin ich meinen Führerschein los«, sagte Erminia.

»Pass du lieber mal auf, wie du fährst. Dir ziehen sie höchstens ein paar Punkte vom Führerschein ab, aber mich tragen sie dann liegend nach Hause«, gab Armida zurück.

Die Sträßchen von Daone waren, nach der Sache mit dem Pflasterstein, nicht mehr dieselben wie früher, sie waren gefährlich geworden, und an jenem Tag ganz besonders mit drei älteren Frauen am Steuer. Außerdem war durch die Kälte und das Eis der Straßenbelag etwas glatt. Und so verloren sie bei einem etwas abrupten Bremsmanöver bergauf beinahe Armida und stießen danach fast mit dem Jeep ihrer Konkurrenten zusammen. Die beiden Teams trafen in der Nähe des Stoppschildes auf der Via Municipio 42 aufeinander. Beide Fahrzeuge bremsten so heftig, dass sie Spuren auf dem Asphalt hinterließen, dann folgte ein kurzer, aber intensiver Blickwechsel, wie es ihn sonst nur in amerikanischen Western zu sehen gab. Eine Herausforderung wie am O.K. Corral. Die Feuerwehrleute siegten, bedauerlicherweise. Aber die Sache war noch nicht zu Ende. Es blieben immer noch der Ingegnere und Pater Artemio, mit Unterstützung der Madonna.

18

Marketingstrategien Vol. 2

Die drei Frauen hatten nicht die blasseste Vorstellung davon, was der Ingegnere so dringend von ihnen wollte, dass er sie wenige Tage vor Weihnachten zu einem Termin in die Stadt berief.

In die Stadt zu kommen war gar nicht so einfach. Sie konnten zwar alle drei Autofahren, auch wenn Armidas Führerschein vor Kurzem nicht verlängert worden war, weil ihr ständiges Die-Nase-Hochtragen zu einem Problemchen bei der Prüfung geführt hatte. Armida hatte das wirklich schwer getroffen. Ihr Bedürfnis nach Unabhängigkeit stillte sie seither, indem sie den Elastibus nutzte, einen kleinen Bus für die Menschen ohne Führerschein im Tal mit Haltestellen an der Arztpraxis, dem Krankenhaus, der Kirche und dem Friedhof. In dieser Reihenfolge.

Das Problem war folglich nicht, wer fahren konnte, sondern die Straßen, die sie hinter Breguzzo nicht mehr besonders gut kannten. Sie beschlossen, die seltsame Einladung trotzdem anzunehmen, weil ihnen klar war, dass sowieso so viele seltsame Dinge passierten, dass es auf eins mehr oder weniger auch nicht mehr ankam. Außerdem waren sie viel zu neugierig und wollten dringend erfahren, was der Ingegnere von ihnen wollte.

Sie brachen am frühen Morgen auf, eine Art Weg-
beschreibung von Jolandas Enkeln in der Tasche, die sie
direkt zum Sitz der Elektrizitätswerke führen sollte. Sie
verfuhren sich trotzdem reichlich, aber drei Großmütter
am Steuer sah man ja auch selten. Am Ende fanden sie
einen hübschen jungen Mann, der Mitleid mit ihnen emp-
fand und sie ab der Hälfte begleitete.

Der Ingegnere erwartete sie in vollem Ornat am Eingang. Noch nie hatten sie ihn so gut angezogen gesehen,
im blauen Doppelreiher und mit gestreifter Krawatte. Er
glänzte in Eleganz und höfischen Manieren. Das Lächeln,
mit dem er sie begrüßte, war fast so breit wie damals, als er
in der Tombola gewonnen hatte. Nach einer herzlichen
Begrüßung, bei der er etwas murmelte, was sie nicht ganz
verstanden, bereitete er ihnen die Überraschung. Wenn sie
das im Vorhinein gewusst hätten, hätten sie sich zumindest
etwas Festlicheres angezogen.

Die Frauen hörten nur in der Entfernung Musik, dann
öffnete der Ingegnere eine doppelflügelige Tür zu einem
großen Saal, und die Musik mischte sich mit Applaus.

Lautes Klatschen drang aus dem Auditorium der Elektri-
zitätsgesellschaft. »Bravo, gut gemacht! Ihr seht großartig
aus!«, erhoben sich beinahe im Chor die ersten Stimmen.

Und so zogen die Frauen unter Musik und Applaus in
einen Saal voller Menschen ein, die sie dort bereits erwarteten.

»Und hier kommt die Überraschung«, rief der Ingegnere
vergnügt wie nie und forderte sie mit einer Handbewegung
auf, ihm auf das für diesen Anlass errichtete Podium zu
folgen.

Daone ist ein Fünfhundertachtundachtzig-Seelen-Dörfchen, das sich an den Grund eines Tals im Trentino schmiegt, irgendwo zwischen Raum und Zeit.

Wie jeden Mittwoch wird die Stille und Trägheit des Dörfchens nur durch das Ausrufen der Bingonummern durchbrochen: »12, 4, 32, 77.«

»Ich seh ja aus wie ein Kinderschreck!«, rief Armida aus, als sie ihr Foto im Kalender der Träume erblickte.

Während des Fotoshootings für den Kalender waren die Frauen im Dorf ganz wunderbar. Sie wollten wirklich nach Australien, sahen Kängurus und warfen sich zwischen gigantische Wollknäule. Amalia kletterte auf eine Leiter, um mit dem Hahn Beppo zusammen in ihre Montgolfiere zu steigen, Richtung Amerika.

Armida liebt es, morgens laut den Rosenkranz zu lesen, wenn Don Bruno da ist. Sie sagt, die jungen Leute von heute verstünden es nicht mehr, den Rosenkranz richtig zu rezitieren.

»Frauen, Frauen«, rief Armida aus vollem Halse. »Frauen, der Kalender der *Funne* von Daone ist fertig. Kommt an die Fenster!«

Und sie drehten sich, bis zum Gehtnichtmehr zu jenen alten Melodien, die sie in weit zurückliegende Zeiten entführten, als der einzige Moment der Freiheit der Tanz beim Fest zu Ehren des heiligen San Bartolomeo war.

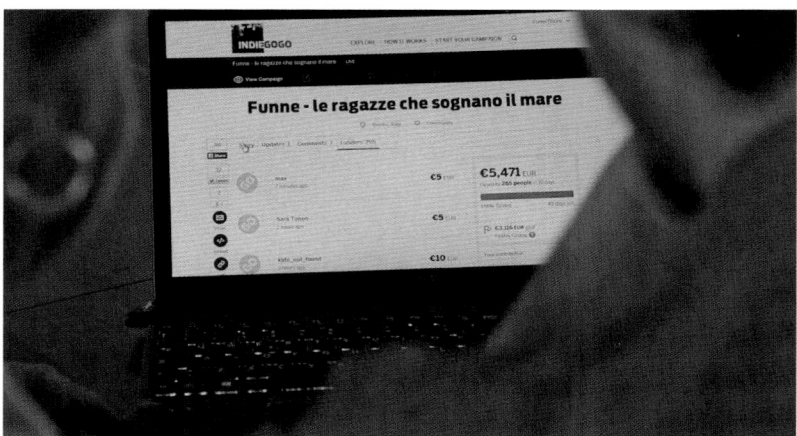

Die Frauen waren Stammgäste in allen Fernsehsendungen zum Thema Alter, Gesundheit oder Medizin im Allgemeinen. Sie wurden sogar Expertinnen für politische Kommentare.

Hallo Internet. Wir wollen unseren Traum verwirklichen, ans Meer zu fahren. Um das Geld dafür zu bekommen, erbitten wir eure Unterstützung mit Krautfanding, Krofanding oder wie das heißt. Und wir danken auch dem *Crowdfunding.*

»Wäre es vielleicht möglich, die Postkarte direkt an den Papst zu schicken? Für uns wäre das die Erfüllung eines Traums, den wir nie zu träumen gewagt hätten. Sie können dem Papst auch gern unseren Kalender schicken oder ihn ihm persönlich vorbeibringen.«

Diese schelmischen Frauen sorgten für Aufruhr. Und von jenem Morgen an war Daone kein stilles Dörfchen mehr.

Der warme, nach weißen Lilien duftende Wind der Insel, die sie erwartete, liebkoste ihre Gesichter wie der Puder, mit dem sie erstmals in ihrem Leben geschminkt worden waren.

Die Hände, ausgestreckt von einer zur anderen, um sich gegenseitig zu halten und nicht zu fallen. Raue Hände, von der Zeit gezeichnet, die sich in liebevoller Umarmung drückten, mit dem Rücken zur Welt, den Blick zur Sonne und aufs Meer hinaus.

Mit blitzenden Augen und staunendem Blick erreichten die Frauen ihr Ziel. Das bebende Gefühl eines ersten Stelldicheins.

Die maritime Madonna della Neve auf der Insel Ugljan, deren Namen keine von ihnen richtig aussprechen konnte, weshalb sie sie einfach Insel Giuliano nannten.

Und überall las man das Wort »Funne«, von dem viele nicht wussten, was es bedeutet, weshalb man es immer wieder erklären musste.

»Ahh, wie kalt!«, »Ahh, wie herrlich!«, »Aua, die Steine!« In Kroatien, das wussten die Frauen nicht, sind die Strände fast alle steinig.

Nehmt einen Koffer, einen von diesen alten aus Pappe. Legt den Traum hinein, immer nur einen, und macht euch auf den Weg. Aber dreht euch nicht um. Niemals. Dieses Mal geht es nach Süden, ins Warme, ans Meer.

Zu beschreiben, was sie empfanden, als sie zum ersten Mal das Meer sahen und es berührten, ist unmöglich. Diese Augenblicke im Leben sind unbeschreiblich und so flüchtig, dass man es nie schafft, sie festzuhalten.

Den Frauen verschlug es, vielleicht zum ersten Mal im Leben, die Sprache. Zu benommen, um auch nur das Mindeste zu sagen, desorientiert, überrascht, sprachlos, beinahe wie versteinert – sodass Erminia irgendwann Armida in die Seite kneifen musste, damit sie sich wieder bewegte – folgten sie mit weit aufgerissenen Augen dem Ingegnere.

»Kollegen, Freunde – die Frauen von Daone, die Heldinnen des Kalenders, den wir Ihnen dieses Jahr zu Weihnachten geschenkt haben. Wie versprochen präsentieren wir sie Ihnen nun in Fleisch und Blut«, verkündete der Ingegnere stolz.

Der Kalender schien von Breguzzo nach weiter unten tatsächlich ein gewisses Interesse erregt zu haben, und der Ingegnere hatte ihnen mit dieser Überraschung wirklich etwas Schönes eingebrockt. Wann waren sie jemals so empfangen worden? Die drei Damen, immer noch ganz benommen, brauchten eine ganze Weile, bis sie begriffen, was hier vor sich ging. Der Ingegnere hatte zweihundert Kalender gekauft und an seine Angestellten verschenkt, Geld, das die Vereinskasse beträchtlich auffüttern würde. Die Frauen fühlten sich wie Film-Diven auf dem roten Teppich. Ein Jammer, dass sie weder das gute Kleid noch eine frisch gelegte Frisur trugen, wie sonst zu festlichen Anlässen. Wie unter Schock bedankten sie sich ihrerseits, allerdings mit einer derart leisen Stimme, dass sie am Ende des Saals nicht mehr zu hören war. Sie dankten dem Ingegnere für seine nette Initiative und allen Anwesenden für den großartigen Empfang.

»Aber jetzt mal ehrlich«, sagte dann Erminia, nachdem

sie sich mit einem Überraschungscoup des Mikrofons bemächtigt hatte, in beinahe drohendem Ton, »ein Kalender voller hübscher Mädchen wär doch besser gewesen als einer mit alten Hexen wie uns, oder?«

Großes Gelächter erhob sich aus dem Publikum. Und auch die ein oder andere Hand. Diese Großmütter waren einfach umwerfend, zugleich strahlten sie aber auch etwas überaus Vertrauenerweckendes aus. Die Menschen im Saal konnten nicht anders, sie lachten und lächelten und irgendwann formierte sich eine Schlange, um die Kalender direkt aus der Hand der Frauen entgegenzunehmen und sich gegenseitig frohe Weihnachten zu wünschen. Einige nutzten sogar die Gunst des Augenblicks, um sich ein Wangenküsschen zu erschleichen. Ein wirklich sehr dünner Herr mit einem wirklich sehr langen roten Schnurrbart trat schüchtern auf Armida zu, die immer mehr auftaute.

»Entschuldigen Sie, Miss Juli, entschuldigen Sie, ich weiß nicht, wie Sie heißen, sondern nur Ihren Monat…«, sagte er.

»*Salve Signore*, ich bin Armida Brisaghella, und mich haben sie für den Juli genommen, weil wir Losnummern gezogen haben, um die Monate zu verteilen. Ich hätte ja lieber den Januar gehabt, aber der war schon von unserer Präsidentin besetzt«, erklärte Armida.

»Signora Armida, entschuldigen Sie, es ist mir fast schon ein bisschen peinlich, aber dürfte ich Sie um ein Autogramm auf meinem Kalender bitten?«

»Waaas?«, quietschte Armida so schrill, wie man es noch nie von ihr gehört hatte.

Dann erbleichte sie. Wirklich. Sie erbleichte rund um

die Wangen, die dafür feuerrot aufzuleuchten begannen. Wer hätte das gedacht? Ein Autogramm? Sie?

»Aber sicher, Signor … ich weiß nicht, wie Sie heißen, aber ich unterschreibe Ihnen gern, aber ich wollte Ihnen nur sagen, dass … Sagen Sie Ihrer Frau, dass die auf dem Kalenderfoto Abgebildete, oder besser gesagt ich, achtzig Jahre alt ist. Ich sage achtzig, also braucht Ihre Frau nicht eifersüchtig zu sein«, präzisierte Armida, gerührt wie noch nie in ihrem Leben.

Die Rückreise erfolgte langsam und schweigend. Und sie verfuhren sich kein einziges Mal. Diese Überraschung hatte sie so glücklich gemacht, dass sie trotz der mehr als mäßigen Verkäufe im Dorf wieder reichlich neuen Mut fassten. Es stimmte schon, der Prophet galt nichts im eigenen Land. Und zum Glück hatten sie keiner Menschenseele verraten, dass das Geld für den Kalender am Ende eine verrückte Reise ans Meer finanzieren sollte, sonst hätten sie nicht einmal die paar Kalender verkauft. Träume haben kein Alter, das ist bekannt. Aber vielleicht galt dieses Sprichwort in Daone nicht für die Feiertage.

19

Träume an der Wand

»Liebe Brüder und Schwestern, ich nutze die Gelegenheit
dieses vorweihnachtlichen Grußes, um euch noch einmal
die schöne Initiative unserer Frauen ans Herz zu legen, die
einen Kalender gemacht haben. Geht also im ›Rhododendron‹ vorbei, wo ihr ihn von unseren Frauen kaufen
könnt. Denkt in dieser heiligen Weihnachtszeit immer daran, großzügige Brüder und Schwestern zu sein. Amen«,
sagte Pater Artemio am Schluss der Messe. Am Ende war
es Erminia doch noch gelungen, Pater Artemio, der im
Grunde seines Herzens ein guter Kerl war, zu überzeugen.

Und so kam Weihnachten und ging, und es kam Neu-
jahr. Pater Artemios Aufforderung brachte einen Anstieg
der Verkaufszahlen: Es wurden drei Kalender mehr verkauft. Einer von der Bankdirektorin, die sich vielleicht die
ein oder andere Kundin mehr erhoffte, und zwei von den
Sportanglern, die ein schlechtes Gewissen hatten, weil sie
so über diese Großmütter hergezogen hatten. Dann er-
stand Armida überraschend noch fünf Stück, zum für
Vereinsmitglieder reduzierten Preis, um sie an ihre weit
entfernten Verwandten in Amerika zu schicken, auch
wenn sie dann über Monate immer wieder über die hohen
Portokosten klagte.

Die Verkaufserlöse mussten erst noch zusammengerechnet werden, aber unabhängig davon hatten alle Frauen an diesem Weihnachten ihren Traum zu Hause an der Wand hängen. Und trugen großes Wohlgefallen im Herzen. Einige hatten ihn in der Küche aufgehängt, andere in der guten Stube. Die eine oder andere sogar im Badezimmer. Und jedes Mal, wenn sie von einem Zimmer ins andere gingen, schauten sie ihn an, wie man einen Traum anschaut. Auch Valeria stellte ihn im La Valle mit einem gewissen Stolz zur Schau und hatte ihn an der Wand des großen, rosafarbenen Speisesaals mit den präparierten Hirschköpfen aufgehängt. Ein Kalender zierte Marcellos Metzgertresen und ein anderer lag aufgeräumt unter dem Musterbuch für die Haarfärbungen in Sonias Damensalon.

Es hieß, aber das konnte niemand bestätigen, dass auch Pater Artemio einen in der Sakristei gehabt hätte. Carletto jedenfalls hatte mit Sicherheit einen.

JANUAR

– 20 –

Wegen Urlaub geschlossen

Mit dem neuen Jahr, dem Dreikönigstag und der Befana kam auch der Winter. Der richtige Daoneser Winter, mit einer Kälte, bei der sogar der Friedhof ständig Rauch ausstieß, um sich ein bisschen warmzuhalten. Sein Bruder, der Glockenturm, meldete sich ab und an zu Wort. Das Dorf lag ausgestorben und still da. Nur ein paar Stammgäste der Bar sah man hin und wieder, dick eingemummelt in Daunenjacken fürs Hochgebirge, mit roter Nase und roten Wangen. Eine dicke Eisschicht bedeckte die Straßen, sodass man beinahe Schlittschuh darauf fahren konnte. Die Staatsstraße zur Staumauer war wegen Schnees geschlossen, und die Weihnachtsbeleuchtung blinkte flackernd.

Nach dem prickelndsten Weihnachten ihres Lebens waren die Frauen zur Normalität zurückgekehrt. Und auch der Seniorenclub nahm sich ein paar wohlverdiente Tage Urlaub.

Mit der eisigen Kälte legte sich auch Eis auf die Seelen der Leute von Daone. Alles fror komplett ein, einschließlich der Statue des Heiligen. Von den Aufregungen der vergangenen Wochen blieben nur die gedruckten Erinnerungen im Kalender der Träume.

Nach dem Weihnachtsfest allerdings war es quasi zum Tabu geworden, von dem Kalender zu sprechen. Für den Geschmack der Leute aus Daone war sowieso schon viel zu viel Gewese darum gemacht worden. Ja, er hatte die Atmosphäre der letzten Monate elektrisiert und das weihnachtliche Klima aufgeheizt, aber andererseits hatte es immer Leute gegeben, denen die ganze Aufregung auf die Nerven gegangen war. Man weiß ja, wie das so läuft in Dörfern.

Zu viel Aufregung, zu viel Durcheinander, zu viel Neues, zu viel Licht für die Einwohner dieser kalten Insel irgendwo da oben zwischen den Berggipfeln. Um die Wahrheit zu sagen, war unter denjenigen, die nicht als *Calendar Girls* ausgewählt worden waren, auch ein bisschen Eifersucht und Neid aufgekommen.

Was auch immer diesen Großmüttern in den Kopf gekommen war, es war nun wirklich an der Zeit, dass sie wieder nach Hause an den Herd oder an die Stricknadeln zurückkehrten. Und einige unter ihnen taten das tatsächlich, viele verspürten geradezu ein Bedürfnis danach, zur Normalität zurückzukehren, weil sie sich dann sicherer fühlten.

Auch Jolanda, Erminia und Armida nahmen ihr Alltagsleben wieder auf, zwischen Enkeln, Plätzchen und Apfelkuchen, »Settimana Enigmistica« und heißen Mahlzeiten, die zur rechten Zeit auf den Tisch gebracht wurden, wie es die Ehemänner, oder zumindest der von Erminia, sich wünschten.

Nur die drei und eine Handvoll weiterer Frauen sprachen weiterhin, wenn auch beinahe heimlich, von dem Kalender und von dem Traum, ans Meer zu fahren. Über die angesichts der mageren Verkaufsergebnisse im Dorf ein wenig enttäuschten Hoffnungen hinaus hatten die drei Freundinnen gesehen, welche Wirkung der Kalender außerhalb Daones hatte. Sie mussten weitermachen, Kälte hin oder her, und die Einnahmen zählen, um herauszufinden, ob das Geld für eine Reise ans Meer reichen würde.

Erminia hatte es sich zur Aufgabe gemacht, sie ans Meer zu bringen, und hegte keinerlei Absichten, den Plan fallen zu lassen. Ihr Versprechen wollte sie erfüllen.

Der Heilige ist kaputt

»Es sind weder die Monde noch die Heiligen drin.«

So begann eines Mittwochmorgens die Bilanz-Versammlung des »Rhododendron« zum Jahresbeginn, der seine Tore nach den Feiertagen wieder geöffnet hatte.

»Es sind weder die Monde noch die Heiligen drin«, wiederholte Armida und gab die Richtung für den weiteren Verlauf der Versammlung mit einer Kritik am Kalender vor, die aus naheliegenden Gründen ganz oben auf der Tagesordnung stand.

»Massimo hat gute Arbeit geleistet«, fuhr sie fort. »Mir gefallen die Fotos, auch wenn nicht alle diese Träume verstehen können, die vielleicht ein bisschen seltsam sind, aber nun einmal unsere. Meine weit entfernte Verwandte aus Amerika hat mich sogar angerufen, um mir zu sagen, wie schön der Kalender geworden ist. Aber wenn ich eine kritische Bemerkung dazu machen darf, dann stößt mir sauer auf, dass Massimo die Heiligen der Monate und die Mondaufgänge vergessen hat, welche fundamentale Angaben für jeden Kalender sind«, schloss Armida ihren langen Monolog.

»Vielleicht, weil er nicht gläubig ist«, sagte Enrichetta im Scherz. »Um die Wahrheit zu sagen, hat mir mein Foto nicht so besonders gefallen. Ich bin derart winzig klein da drauf, dass man mich kaum sieht«, sagte sie fast ein wenig bitter.

»Was soll das heißen, er hat euch nicht gefallen?«, mischte sich Erminia im Dialekt ein. »Als der Kalender kam, wart ihr alle zufrieden mit euren Fotos, was ist denn in euch gefahren, dass ihr eure Meinung jetzt ändert? Ihr seid mir ja wirklich welche!«

»Nein, nein, ich hab es gleich gesagt, Ermina, dass mir das Foto nicht gefällt, weil man mich in dem roten Bus kaum sieht, ich bin da so reingequetscht«, antwortete Enrichetta.

»Na komm, Enrichetta, du musst dich aber auch immer beschweren. Und dabei ist deins das schönste Foto, das sagen alle. Das mit der Reise nach Lourdes mit der Kuh, das mag vielleicht ein bisschen seltsam sein, weil man nun mal nicht mit einer Kuh per Anhalter nach Lourdes fährt oder in einem Waschzuber auf Kreuzfahrt geht, aber dein Foto ist wunderschön«, sagte Erminia.

»Und dann ist es auch eine Frage des künstlerischen Geschmacks«, nahm Armida den Faden auf. »Massimo hat diesen speziellen künstlerischen Geschmack. Der kann einem gefallen oder nicht. Wir sind ja nicht alle gleich, zum Glück. Sicher, wenn wir Fotos von uns irgendwo in der Landschaft gemacht hätten, wäre es viel einfacher gewesen und im Dorf besser angekommen, aber Träume sind nun mal nicht leicht zu verstehen. Meins gefällt mir, aber ich weiß nicht, ob es anderen auch gefällt.«

»Ich hab unten in der Bar und im La Valle gehört, wie sich die Leute über uns und die Fotos lustig gemacht haben. Das ist nicht schön«, murmelte Vitalina verschüchtert.

»Die sind neidisch«, ging Jolanda entschieden und ein bisschen verärgert dazwischen. »Sie üben Kritik, weil wir ihrer Meinung nach normale Fotos hätten machen sollen und uns sei das Ganze zu Kopf gestiegen, aber ich glaube, dass das alles nur Neid ist, weil sie eben auch gern einen Kalender gemacht hätten. Und Neid macht Bauchschmerzen wegen der Magensäure, das ist bekannt ...«

»Und wir haben im Dorf auch nicht so viele verkauft. Ich denke, Jolanda hat recht«, sagte Erminia, während sie begann, das Geld aus der roten Schachtel zu nehmen, um abzurechnen. »Ich dachte, wir würden alle Kalender verkaufen, stattdessen haben wir noch eine ganze Menge hier im Verein liegen. Denkt nur, was losgewesen wäre, wenn wir auch noch gesagt hätten, dass wir das Geld brauchen, um ans Meer zu fahren. Dann hätten sie uns wirklich ins Irrenhaus geschickt!«

»Zweihundertfünfunddreißig Kalender verkauft für zweitausenddreihundertfünfzig Euro. Abzüglich der Ausgaben, wobei Massimo den Kalender ja fast gratis gemacht hat, sind noch tausendachthundert Euro in der Kasse geblieben, weil auch die Druckerei einen schönen Nachlass gegeben hat, weil das der Sohn von Orsolina ist. Ich hätte nicht gedacht, dass wir nur so wenige verkaufen. Gott sei Dank, dass der Ingegnere zweihundert Stück bezahlt hat und dass er zum Glück so viele Angestellte hat!«

Wohin konnten sie mit tausendachthundert Euro fahren? Nicht mal bis Lignano Sabbiadoro würden sie damit kommen. Zwölf Frauen? Man brauchte ihren Berechnungen nach mindestens vierhundert Euro pro Kopf für eine einigermaßen anständige Woche in einem Hotel oder einer Pension mit drei Sternen, dazu die Kosten für den Reisebus und den Fahrer und diverse Ausgaben, wie die für ein Erste-Hilfe-Köfferchen, wenn nicht gar einen Arzt aus Fleisch und Blut, denn in dem Alter kann man ja nie wissen.

Vierhundert Euro mal zwölf ergab folglich viertausendachthundert Euro. Minus die tausendachthundert, die schon eingenommen worden waren, machte dreitausend Euro. Woher aber sollte man diese weiteren dreitausend Euro nehmen?

Das Drei-Sterne-Hotel und die Vollpension waren nicht verhandelbar, und daran konnte man nicht sparen, weil alle wenigstens einmal im Leben ein Einzelzimmer und Vollpension haben wollten. Wenigstens einmal im Leben wollten sie für eine Woche Frühstück, Mittagessen und Abendessen serviert bekommen. Ja, die Gemeinde könnte noch etwas beisteuern. Man könnte da etwas ausmachen und ihnen vielleicht bei den Wahlen Unterstützung anbieten. Dann konnte man natürlich auch von den Frauen eine symbolische Summe verlangen, aber wenn man zu viel verlangte, würde niemand mitfahren. Es war so schon ein Unterfangen, sie alle ans Meer zu bringen, unvorstellbar, wenn sie dann noch dafür bezahlen mussten.

»*Funne,* das Problem ist nicht der Kalender oder was die Leute darüber denken«, urteilte Erminia. »Mir gefällt der Kalender und meinen Enkeln auch, das reicht. Und wer da grün und gelb vor Neid wird, der soll es Pater Artemio bei der Messe sagen. Das Problem sind nicht die Leute aus dem Dorf, das Problem ist, dass wir nicht genug Geld haben, um alle zusammen ans Meer zu fahren. Das ist das Problem. Wir haben uns vorgenommen, ans Meer zu fahren, und nun müssen wir weiter daran arbeiten. Oder wollt ihr etwa aufgeben?«

Eine Weile herrschte Schweigen, und die Frauen blickten zur Decke, vielleicht zum Himmel zu ihrer Madonna. Erminia nutzte die Gelegenheit, um ein bisschen überfälligen Panettone zu servieren, den es von nun an bis zum Osterzopf zur Stärkung bei den Versammlungen geben würde, weil nach den Feiertagen die Panettoni nur noch weniger als die Hälfte kosteten. Die Frauen sahen einander an und, ohne dass es jemand laut aussprach, erhob sich ihr Missfallen in die Luft.

Es war laut, dieses Missfallen, es erinnerte an das Geräusch von Karotten, die fein gerieben werden. Es duftete sogar, dieses Missfallen: Es duftete nach getränkten Hostien, nach gekochten Kastanien, nach Schnecken mit Ingwer-Zitronen-Soße, wie es sie bei Bianca gab. Bei dieser Bilanz-Versammlung, wenn man Einnahmen und Ausgaben zusammenrechnete, das Essen zum zwanzigjährigen Jubiläum, Panettone und Limonade, den Jahresbedarf an Schokolade und die Chips fürs Bingo, dann wurde den Frauen klar, dass sie trotz aller Anstrengungen noch sehr weit von ihrem Traum entfernt waren. An jenem kalten Tag Mitte Januar war das Meer weiter weg denn je von Daone. Genau wie die Statue von San Bartolomeo, die Carletto heimlich nach Bondo hatte bringen müssen, damit sie dort von einem Restaurierungsfachmann aufgetaut wurde.

Und auch Erminia fror ein bisschen ein und fand nicht

gleich ihren üblichen Schwung, um sofort etwas anderes vorzuschlagen oder wenigstens diese Seelen ein bisschen aufzurichten, die so fest im Griff des Missfallens waren. Nicht einmal das Bingo mit der Cedrata konnte etwas bewirken. Nicht einmal die Schokolade und auch nicht der *caffè corretto*. Erminia erkannte, dass es nicht nur am Geld lag, sie hatte bei dieser Versammlung etwas anderes bei ihren *Funne* bemerkt. Sie hatten sich ein bisschen mehr als sonst beschwert, sie kannte sie gut. Das Problem war, dass ihnen die Begeisterung verloren gegangen war und sich jetzt Unwohlsein breitmachte, was ihr die Stimme ihrer Madonna bestätigte, auf dem Balkon des Barzimmers des Vereins, wohin sie sich gelegentlich zurückzog, um heimlich eine Zigarette zu rauchen, auch wenn das verboten war.

Ermina wusste, dass man im Leben nicht erwarten konnte, dass alle immer mit einem einverstanden sind, auch wenn es ihr persönlich schwerfiel, das zu akzeptieren. Folglich entschied sie nach der Versammlung, sich zurückzuhalten und nichts zu sagen. Vielleicht zum ersten Mal überhaupt senkte sie sogar den Blick, aber zum Glück fiel das niemandem auf. Sie beschloss, sich ein bisschen Zeit zum Nachdenken zu nehmen. An Ideen fehlte es ihr sicher nicht. Und in der Zwischenzeit schloss sie die Versammlung.

»Gehen wir ins *Paradiso perduto* und trinken wir einen schönen Mandarinen-Rum«, schlug sie ihren treuen Genossinnen vor. »Gehen wir, Schwestern von der Bande aus Daone, ihr müsst euch ein bisschen aufwärmen und herausfinden, was wir machen sollen, denn vielleicht haben wir das Paradies ja noch nicht verloren.«

FEBRUAR

– 22 –

Der Virus

So verging der Januar, kalt und traurig. Und ebenso begann der Februar. Kalt und traurig. Die Zusammenkünfte des Seniorenclubs wurden immer kälter und trauriger. Nur Armidas Stimme, die die Nummern beim Bingo vorlas, spendete ein wenig Wärme.

Auch die Frauen im Club wurden immer kälter und trauriger. Sie lachten nicht mehr, sie redeten nicht mehr, sie spielten nicht mehr wie früher. Nicht einmal die Bingonummern waren mehr wie früher, einige waren sogar verloren gegangen, und die Hirschkoteletts schmeckten auch nicht mehr wie einst.

Draußen vor dem Fenster im obersten Stockwerk des Rathausgebäudes begann ein wenig Schnee zu fallen, und auch er, man braucht es nicht zu sagen, war kalt und traurig. Und er fiel Tag um Tag und schottete Daone vom Rest der Welt ab, oder zumindest von Breguzzo und Bondo.

Wollte vielleicht die Madonna della Neve das Dorf erneut zudecken? Aber um es wovor zu schützen? Wollte sie vielleicht irgendein Zeichen geben? San Bartolomeo jedenfalls war zur Restauration nach Bondo transferiert worden und wurde ebenfalls von den enormen Schneemassen blockiert.

Erminia wanderte im Clubraum auf und ab und versuchte zu verstehen, was mit den Damen los war. Sie suchte Antworten in den Blicken ihrer Frauen, die sich gerade bei einer langsamen und traurigen Partie Poker mühten, ohne Geldeinsatz, aber vor allem ohne Bluff. Woher kam dieser plötzliche Abfall der Begeisterung und diese Tristesse? War es nur, weil die Verkaufszahlen so schlecht gewesen waren? Oder lag es am Gerede im Dorf, dass sie auch ein bisschen selbst mit schuld waren, weil sie einen sehr modernen Kalender gemacht hatten? Vielleicht wäre es doch besser gewesen, wie Armida es vorgeschlagen hatte, einen normaleren Kalender zu machen und das zwanzigjährige Jubiläum mit einer Reise zum Heiligtum zu begehen, wie sie es immer getan hatten?

Auf die hundert Fragen, die in Erminias Gehirn umherschwirrten und ihren von Natur aus sowieso schon unruhigen Geist aufregten, fand sie keine Antwort. Außer vielleicht, dass tatsächlich die Ursache für diesen Seelenzustand auf einen Virus zurückzuführen war, wie es ein Gerücht wollte, das erst bei den Frauen und dann im ganzen Dorf die Runde machte.

Ein winterlicher Virus kursierte in ganz Daone. Er bekam sogar einen Namen: »Der Virus des nicht verkauften Kalenders.« Die Symptome waren schließlich überall zu beobachten.

»Der Virus des nicht verkauften Kalenders« breitete sich durch die Luft aus, ausgehend von den Lippen der Bergamina, die mit ihrem Mundwerk in weniger als einer Woche so gut wie das ganze Dorf ansteckte. Er verbreitete sich aber auch über Kontakt, und folglich wurden alle

Besitzer eines Kalenders angesteckt. Die Symptome sahen vor: Traurigkeit, Kälte, Apathie, Unzufriedenheit, Angst, Nachlassen von Gehör und Sehvermögen, Abmagerung und Schlaflosigkeit. Es gab sogar einzelne Fälle von akutem Schluckauf. Die Therapie, die Dottore Carmelo allen Erkrankten verschrieb, und zwar per Aushang im Schaukasten des Rathauses, verlangte absolute Ruhe, Rückkehr zur Normalität, einen regelmäßigen Tagesablauf, gesunde Ernährung, Gelassenheit und vor allem das Verbot jeglicher Übertreibungen. Vereinstreffen nur noch einmal die Woche. In den akutesten Fällen riet er sogar, den Kalender von der Wand zu nehmen.

Es gab tatsächlich einige Fälle und schwere Vorkommnisse, die den Bürgermeister, Pater Artemio und Dottore Carletto aufwühlten und besorgt machten. Der Bürgermeister persönlich notierte sich diese Fälle, um seinen Nachfolger darauf aufmerksam machen zu können.

Der Virus brachte in seiner schwersten Verlaufsform folgende Ereignisse mit sich:

- Aufnahme von Bergamina im Krankenhaus wegen einer Aphte an der Zunge
- Sturz von Irma und Bruch des linken Knöchels während eines Spaziergangs im Wald
- Ein sehr trauriger Karneval mit einer seltsamen Aufführung der Grundschulkinder
- Besorgniserregender Krankenhausaufenthalt von Jolanda wegen leichter Tachykardie
- Erhöhter Zigarettenkonsum bei Erminia und seltene Anwesenheit derselben im Dorf

- Zunahme der Rosenkranzgebete (bemerkt von Pater Artemio)
- Zunahme der Hostien und Abnahme des Geschmacks der Hirschkoteletts (bemerkt von Pater Artemio und Valeria)
- Rückgang der Vormerkungen zum Haarelegen (bemerkt von Sonia)
- Eine Beerdigung.

Ding, dong, ding läutete die Totenglocke des Campanile an einem Morgen im Februar.

Ein Trauerzug, mehr als das halbe Dorf war vertreten, zog eng aneinandergedrängt durch die Straßen des Dorfes. Die Kälte drang durch Mark und Bein. Düstere Mienen und nach unten auf das eisglatte Pflaster gerichtete Blicke. Ganz besonders Amalia machte ein dermaßen niedergeschlagenes Gesicht, dass alle um sie herum sie in den Arm nahmen. Der Zug folgte Don Bruno, der seltsamerweise an jenem Samstagvormittag freihatte, und einer kleinen Bahre, die auf einem Handwagen transportiert wurde. Nicht einmal die Statue des Heiligen war anwesend. Die musste erst noch aus Bondo abgeholt werden.

Ding, dong, ding läutete erneut die Totenglocke.

Am Eingang des Friedhofs angekommen, der sich hinter einem großen, schmiedeeisernen Tor auf einem Überhang bis in die Unendlichkeit des Waldes erstreckte, bog die Prozession plötzlich nach rechts in eine Gasse ein, die der Außenmauer des Friedhofs folgte. Dann wurde die Bahre abgestellt und eine lange Andacht begann.

»Unser lieber Beppo, du treuer Begleiter einer unserer

Frauen, der du unsere Mahlzeiten ergötzt, der du unsere Nachmittage mit deinen Gesängen aufgeheitert und mit Lust unsere Gebete gestört hast, ruhe nun in Frieden im Paradies der ...«, betete Don Bruno.

»Beppo? Von wem redet Don Bruno denn da? Welcher Beppo? Der aus Bondo oder der aus Bersone? Hier in Daone gibt's doch gar keinen Beppo. Wenn es der aus Bersone ist, dann tut es mir leid, das war wirklich ein guter Mann. Und er hatte wunderbare Hühner«, sagte einer der Dorfbewohner, der sich erst ganz hinten dem Zug angeschlossen hatte.

»Ach, i wo, du irrst dich, das ist der Beppo, der oben im Tal wohnte, bei der Staumauer, der Wächter der Staumauer«, antwortete ein bisschen zu laut ein anderer.

»Brüder und Schwestern, ich bitte euch um Ruhe in diesem Moment des Schmerzes und der Trauer um unseren lieben Beppo, der uns allen fehlen wird mit seiner durchdringenden Stimme und seinen Gesängen, die an das Verstreichen der Zeit erinnerten«, verkündete Don Bruno, wobei er ein wenig Mühe hatte, die Ruhe zu bewahren.

»Ah, jetzt hab ich verstanden, es ist der von Amalia, der im Garten mit all den anderen lebte, entschuldige Amalia ...«, sagte ein kleiner Dorfbewohner (klein im Sinne von nicht hochgewachsen).

Und so flog Beppo der Hahn an einem kalten Februarmorgen ins Hühnerparadies. Eine Träne rann über Amalias Gesicht. Beppo hatte nicht mit ihr im Ballon nach Amerika fahren wollen. Er hatte es vorgezogen, allein zu gehen, mit einem Ticket ohne Rückfahrt, ohne über Los zu gehen und ohne jegliches Verkehrsmittel, hoch in den Himmel hinauf zu den Hähnen.

Auch auf Carlettos Wange fiel eine Träne. Mit wem sollte er jetzt seine Glocken um die Wette läuten?

– 23 –

Ich tanze allein

Scherz beiseite, es bemächtigte sich wirklich eine besorgniserregende Melancholie des Dorfes, ganz besonders der Frauen, so sehr, dass es, wie in solchen Fällen üblich, auch noch zu regnen begann. Es schüttete wie aus Kübeln, so heftig, dass der eine oder andere den lieben Gott darum bat, es doch bitte wenigstens für ein Weilchen mal aufhören zu lassen, weil es nicht mehr auszuhalten war.

Auf der Straße, wenn man vorsichtig an die kleinen Holzfenster der Häuser der Frauen trat, wie ein Insekt, das von dem warmen, melancholischen Licht aus diesen kleinen Häusern angezogen wurde, konnte man ihre Einsamkeiten beinahe riechen. Nachdem sie wie Puppen auf einer Spieluhr unter einem Himmel voller goldener Sterne getanzt hatten, hatten sie sich eine nach der anderen in ein häusliches und vereinzeltes Leben zurückgezogen. Und schmecken konnte man diese bittersüße Einsamkeit auch, sie schmeckte nach Polenta und Holzfeuer.

»Komm her zur Mamma, Sergio«, sagte Vitalina mit einer Niedergeschlagenheit, die einem das Herz zerriss, um ihren treuen Kater auf den Schoß zu nehmen.

»K-r-e-u-z-f-a-h-r-t«, rief Armida leise aus, als sie das richtige Wort in ihrem Kreuzworträtsel fand. »Regnerisches

Wetter bis zum Schmutzigen Donnerstag«, sagte die Dame von der Wettervorhersage in dem kleinen, orangefarbenen Fernseher in der Küche, während Jolanda sich einen Tee kochte.

Ein Donnerschlag erschütterte die Frauen und riss sie aus dem, was sie gerade taten. Alle blickten zum Fenster. Sie hatten das Gefühl, beobachtet zu werden, aber vielleicht war es auch nur das Rauschen des Regens. Also beteten sie zur Madonna della Neve, dass es wieder schneien möge, damit es zumindest nicht mehr regnete.

In den Häusern warme, aber traurige Herde, draußen alles durchnässender Regen, der in dicken Tropfen wie Konfetti auf die Regenschirme und die Faschingskostüme des Dorfes fiel an jenem Schmutzigen Donnerstag.

Karneval wurde in Daone traditionell einen ganzen Nachmittag lang gefeiert, mit einem Umzug durch festlich geschmückte Straßen. Es war ein Fest, das sich vor allem an die Allerkleinsten richtete. Horden junger Pinguine und kleiner Bären rannten über den Kirchplatz. Die Theatervorstellung der Grundschule am Haupteingang des Rathauses, dessen Eingangshalle ihnen zumindest etwas Schutz vor dem Regen bieten würde, sollte gleich beginnen.

Grazia, die Lehrerin, war schon ganz verrückt vor Aufregung. Seit Monaten bereiteten sich ihre Schüler auf diesen Tag vor, lernten Gedichte und Choreografie für das Stück auswendig, das den Titel *Wie sehr ich unsere Berge liebe* trug, und hatten sich zu diesem Anlass als kleine Braunbären verkleidet.

Der Karneval dieses Jahr wurde zum traurigsten, den

Daone je gesehen hatte, aber vielleicht war daran, wie viele meinten, auch der Virus schuld.

Sogar der Bürgermeister, obwohl er wie üblich lächelnd ein Grußwort sprach, fand es schwierig, diesen Karneval zu präsentieren: abgesehen von der Kindervorstellung sah das Festprogramm mit Aprikosen gefüllte Krapfen, *grostoli* (kleines Schmalzgebäck), Limonade und einen Umzug vor. Leider hatte sich gerade erst herausgestellt, dass der Umzug dieses Jahr nur aus einem einzigen Wagen bestand. Der Bürgermeister zog sich gerade noch so aus der Affäre, indem er das schlechte Wetter dafür verantwortlich machte.

Viele der Frauen erschienen nicht einmal zum Fest. Es tat dem Rheuma nicht gut, sich bei dem Regen lange draußen aufzuhalten. Nur ein paar wenige wagten sich nach draußen und fanden in der Eingangshalle eines Hauses Zuflucht, um das Spektakel von einem privilegierten, privaten Logenplatz aus zu genießen.

Erminia hingegen spazierte an diesem Donnerstag allein unter dem Regenschirm dahin, das Gesicht leicht nach unten geneigt, wahrscheinlich aus Angst vor dem verfluchten Pflasterstein. Jolanda war zur Kontrolle im Krankenhaus und Armida auf dem Friedhof in Bondo, um die Grabsteine zu waschen, auch wenn Erminia den Sinn darin nicht ganz erkannte, da es dermaßen regnete, dass sie ganz von allein sauber wurden, die Grabsteine.

Eine Zigarette rauchend überquerte Erminia den Kirchplatz und gelangte am Rathaus an; auch ihr Enkel spielte bei der Aufführung mit. Auf ihrem Gesicht, sagte irgendjemand hinter ihr, lagen die Anzeichen der Krankheit. Der Virus hatte auch sie erwischt.

Die kleinen Braunbären der Berge tanzten nach keiner erkennbaren Regel in der Eingangshalle des Rathauses zu den Klängen einer auf die Nerven gehenden Dance-Musik umeinander, mit einem Mann, der als Befana verkleidet war, und wenn sie nicht tanzten, sagten sie Gedichte zum Thema Berge auf. Es war nicht nachzuvollziehen, wie die Lehrerin es geschafft hatte, bei allem Engagement ein solches Desaster auf die Beine zu stellen. In Gedanken versunken beobachtete Erminia die tanzenden Kinder, bis sich ein kleiner Bär aus der Gruppe löste und mit einem riesigen Fotoapparat aus Pappe in der Hand auf sie zulief. Grazia, die die Rolle der Erzählerin übernommen hatte, sprach ins Mikrofon.

»Krrr, krrii, krack«, knisterte das Mikrofon.

»Und jetzt die Fotos«, verkündete die Lehrerin enthusiastisch. »Und wer könnte besser geeignet sein, um ein Gruppenfoto von unseren kleinen Braunbären zu machen, als Erminia, die sich einen ganzen Kalender ausgedacht hat?!«

Erminia konnte sich der Bitte nicht verweigern und war so überrascht, dass es ihr fast ein bisschen peinlich war. Sie tat, als schösse sie ein Foto mit der Pappkamera, unter den Blicken aller Dorfbewohner, die erstarrt waren, als wären sie allesamt an einer rätselhaften Lähmung erkrankt, und viel zu lange fast ein bisschen bösartig lächelten.

Wahrlich kein Meisterstück der Lehrerin, aber auch für sie galt die Entschuldigung des Virus.

Zum Glück nimmt die Vorsehung ja oft überaus unwahrscheinliche Züge an und beschloss, sich an diesem Tag in Gestalt eines allegorischen Wagens zu zeigen. Das ohrenbetäubende Lärmen, das von dem einzigen Karnevalswagen ausging, der sich auf das Rathaus zubewegte, machte dem Schauspiel ein Ende. Alle die Bärchen und Pinguine und Schlümpfe und Prinzessinnen und Cowboys mit den jeweiligen Eltern mit roten Nasen und bunten Perücken reihten sich hinter dem Wagen ein und bildeten einen kleinen Festzug, der sie zum Zelt mit dem Essen führen würde.

Der Karnevalswagen. Mein lieber Himmel. Der Wagen, wenn man ihn überhaupt so nennen konnte, war nichts anderes als der Traktor von Luca A. Junior, einem überaus unsympathischen jungen Mann mit einer Frisur wie ein Busch, lockig und schwarz. Im Dorf wussten alle, wofür das A. in seinem Namen stand, auch wenn man es nicht sagen durfte, weil Schimpfwörter verboten waren, auch im Karneval. Er war der klassische Schulhofschläger, dem schon mit acht Jahren die ersten Schnurrbarthaare gewachsen waren, der mit zwölf schon rauchte, sich aber sofort in die Hosen machte, sobald er einen sah, der auch nur ein bisschen größer war als er.

Wie auch immer, Luca A. hatte sich den Traktor von seinem Onkel geliehen und als leidenschaftlicher Techno-Fan eine gigantische Musikanlage auf dem Anhänger installiert; die Boxen waren so groß, dass sie aussahen wie riesige Elefantenohren. Darüber hinaus war der Traktor, auch wenn die Gründe dafür nie ganz klar wurden, als riesiges grünes Monster verkleidet, irgendetwas zwischen einem Dinosaurier und einer Eidechse. Auf dem Anhänger befanden sich Jungs und Mädchen in gelben Kostümen, die irgendetwas zwischen Tigern und Flöhen darstellten. Nach und nach lösten sich die meisten mit schmerzenden

159

Trommelfellen aus dem Festzug hinter dem Wagen, um sich zum Zelt mit dem Essen zu bewegen.

Luca A. hielt daraufhin extra direkt vor der Kirche. Von Weitem konnte man den grünen Wagen beinahe im Takt der Bässe schaukeln sehen. Die jungen Leute stiegen herunter und fingen an, obwohl es immer noch in Strömen goss, auf dem Platz vor der Kirche zu tanzen. Nun ja, Karneval ist bekanntlich die Zeit der Exzesse, und vermutlich waren nun, nachdem die Großmütter ihren Spaß gehabt hatten, einfach mal die jungen Leute dran.

Erminia war die Letzte, die aus dem Rathaus trat und dem Festzug mit ein wenig Abstand folgte. Der Virus hatte sie fest im Griff, sie fühlte sich wirklich nicht wohl, aber vielleicht hatte sie an diesem Tag auch das sarkastische Lächeln der Dorfbewohner zusätzlich traurig gemacht.

Die Präsidentin schlug den Weg nach Hause ein, weil sie keine Lust auf Krapfen hatte, von denen sie immer Sodbrennen bekam. Sie zündete sich eine Zigarette an, wurde aber von der verheerenden Musik, die von Luca A.s Wagen ausging, förmlich angefallen, sodass ihr der Regenschirm wie von einem starken Windstoß aus der Hand gerissen wurde.

Niemand, außer Carletto, der das Ganze aus der Sakristei beobachtete, weiß davon, aber diese Bässe trieben sogar den verfluchten Pflasterstein wieder hoch. Nach dem Unfall hatte Armida gedroht, die Gemeinde zu verklagen, wenn er nicht eingeebnet würde. Der Bürgermeister hatte unverzüglich den Techniker Moser gerufen, der schneller, als man zusehen konnte, mit dem Hammer in der Hand die vier Straßen des Dorfes abgeschritten hatte, um sie einzuebnen. Der Bürgermeister gefiel sich bei dem Gedanken, seinem Nachfolger schön geebnete Straßen zu hinterlassen. Aber an jenem Tag, und daran war nur Luca A. schuld, kam der verfluchte Pflasterstein wieder hoch, derart bebte die Erde, dass die Eier von Amalias Hühnern schon als Rührei auf die Welt kamen.

Nachdem sie den Regenschirm wieder eingefangen hatte, ging Erminia, immer noch mit gesenktem Kopf, an dem Wagen vorbei. Langsam und traurig schleppte sie sich dahin. Die jungen Leute aber tanzten wie gelbe Derwische, einige als gigantische Pokémon verkleidet, hemmungslos.

Pater Artemio, der zusammen mit drei Frauen an ihnen vorbeikam, um zu den Krapfen zu gelangen, bekreuzigte sich. Und vielleicht war es auch das, was Erminia dazu brachte, umzudrehen und zurückzugehen, um sich zu den jungen Leuten in ihrem irren Tanz zu gesellen. Einen Moment lang ließ sie sich gehen, und ein Lächeln breitete sich auf ihrem Gesicht aus.

Mit diesem Tanz unter den Augen des gesamten Dorfes sündigte Erminia. Nicht zum ersten Mal.

Abgesehen davon konnte sie allein tanzen. In der Gruppe gefiel es ihr besser, aber sie kam auch allein zurecht. Sie war Erminia Losa, die Königin der Herzen und mehrfach wiedergewählte Präsidentin des Seniorenclubs »Il Rododendro«, und fürchtete nichts und niemanden im Leben.

– 24 –

Dem Herzen befiehlt man nicht

Erminia tanzte lieber in der Gruppe, und in ihrer waren sie nur noch zu dritt. Früh am Morgen nahm sie zusammen mit Armida das Auto, um ihre Freundin Jolanda zu besuchen, die seit Tagen in Tione im Krankenhaus lag.

Ihre Kontrolluntersuchung war nicht gut ausgegangen, und der Dottore, ein hübscher junger Mann aus der Stadt, ganz anders als Carmelo, hatte beschlossen, sie im Krankenhaus zu behalten. Eine seltsame Herzrhythmusstörung machte ihm Sorgen. Jolandas Herz schlug etwas anders als normalerweise, und das sollte wieder unter Kontrolle gebracht werden.

Unterm Strich hatte Jolanda nichts dagegen, sich von diesem hübschen jungen Mann auskurieren zu lassen, der sie an den aus der Seifenoper erinnerte, die sie jeden Morgen in der Küche schaute.

Dank der sportlichen Fahrweise, die die Präsidentin auszeichnete, kamen sie und Armida schon nach kurzer Zeit im Krankenhaus an. Während der Fahrt hatten sie von nichts anderem gesprochen als von dem Virus, Ärzten, Beerdigungen und Friedhöfen.

»Meine Güte, Armida«, hatte Erminia irgendwann gesagt, als diese sogar angefangen hatte zur Madonna della

Neve zu beten, »jetzt übertreibst du's aber. Los, reden wir von was anderem, die Stimmung im Dorf ist schon schlecht genug. Die Frauen sind alle traurig, Beppo ist gestorben und Jolanda liegt im Krankenhaus. Was fehlt uns da noch?«

Entschiedenen Schrittes betraten sie das Krankenhaus. Sie machten sich wirklich Sorgen um Jolanda. Sie war eine von denen, auf die man sich immer verlassen konnte, eine von denen, die nach den Vereinsfeiern immer die Tische mit abräumten und die, wenn man sie wirklich brauchte, in fünf Minuten bei einem waren.

Aber als sie in ihr Zimmer kamen, ging es ihr gar nicht so schlecht. Ganz im Gegenteil. Sie lag mit roten Wangen auf dem Bett ausgestreckt, das weiße Nachthemd auf der Brust weit offen, während dieses Sahneschnittchen von einem Arzt ihr Herz abhörte.

»Aaahhh, guten Tag!«, sagte Erminia mit nicht gerade wenig Sarkasmus in der Stimme. »Du stehst ja wirklich an der Schwelle des Todes, wie man sieht, du bist wirklich todkrank, was, Jole?«

Peinliche Stille trat ein, wirklich peinlich. Dann ein Lächeln und schließlich großes Gelächter. Und nach dem Gelächter eine Zärtlichkeit. Denn auch wenn sie für gewöhnlich körperlich eher Abstand hielten, machten sie an jenem Tag eine Ausnahme.

Und so begannen die drei Freundinnen in diesem weißen, kalten Krankenhauszimmer zu reden. Draußen die vom unendlichen Regen getränkten Berge, drinnen die von der ein oder anderen Träne benetzten Wangen. An jenem Tag gaben sie ein bisschen von sich preis, öffneten ihre Herzen und drückten sich fest die Hände, wie sie es noch nie getan hatten. Die jüngsten Ereignisse hatten sie wirklich erschüttert. Und auch das Alter machte sich bemerkbar.

Sie vertrauten einander ihre Enttäuschung über den spärlichen Verkauf der Kalender an, aber vor allem ihr Missfallen angesichts der Reaktionen der anderen Frauen, die sie ein bisschen im Stich gelassen hatten. Alle drei hatten jenen seltsamen Druck auf der Brust verspürt, wenn sie durchs Dorf gingen, dieses Gefühl, irgendetwas anders machen zu wollen, ja, verpflichtet zu sein, aber im Grunde nicht verstanden und folglich allein gelassen worden zu sein. Vielleicht weil »die Vögel im Käfig gehalten werden, obwohl sie im Flug viel schöner anzusehen sind«, wie Jolanda erinnerte, als sie aus dem Fenster sah.

Sie hatten auch Angst um das Schicksal des Vereins, weil sich nach diesen unerhörten Abenteuern der Zusammenhalt unter den Mitgliedern auflöste. Und für sie alle war der Verein in den letzten Jahren der Ort gewesen, um etwas zu unternehmen und zu träumen. Und zu tanzen!

Für Erminia war er die Rettung in der Krise gewesen, die sie ereilt hatte, als die Kinder endgültig aus dem Haus gegangen waren und sie allein zurückblieb, nachdem sie ihr ganzes Leben darauf ausgerichtet hatte, sie großzuziehen. Mit einem lieben, aber brummigen Mann. Allein. Was sollte sie nun mit ihrer Zeit anfangen? Wie sollte sie ihr Leben in Daone füllen, sie, die sie auch vom Leben ein bisschen weiter draußen schon etwas mitbekommen hatte? Sie musste die Zeit nutzen, um eine Leere zu füllen.

Für Armida war der Verein ein notwendiger Zeitvertreib. Ihre Tage verliefen in regelmäßigen Rhythmen, immer gleich, mit dem Verein im Zentrum, seit sie mit achtunddreißig Jahren Witwe geworden war und sich hatte krummlegen müssen, um mit der Pension ihres Mannes ihre beiden Söhne großzubekommen. Niemand hätte Armida daran hindern können, diesen wöchentlichen Termin wahrzunehmen und an den verschiedenen Aktivitäten teilzunehmen, vor allem, weil der Verein sie ihrem Jugendtraum, Synchronsprecherin zu werden, ein Stückchen näher brachte, indem man sie die Bingonummern verlesen ließ.

Und für die schüchterne Jole waren der Verein und die Abenteuer des vergangenen Sommers noch etwas mehr. Um sich lebendig zu fühlen, brauchte sie es, sich in die Herausforderungen zu stürzen, die dieser Dickkopf von einer Erminia sich alle naselang ausdachte. Aber jetzt machte ihr auch ihr Herz Sorgen. Sie waren wirklich nicht mehr die Jüngsten. Dazu kam, dass ihre Jugend früh zu Ende gegangen war. Nicht so wie die von James Dean, sondern verbrannt unter der Sonne auf den Feldern beim Heumachen. Eine Jugend, die nicht voll ausgelebt werden konnte, die aber noch gelebt werden wollte, auch wenn sie nicht mehr im richtigen Alter dafür waren. Eine Jugend der siebzehn Jahre, mit denen man einen Mann gefunden und dann mit Freude und Schweiß eine Familie gegründet und zwei Kinder bekommen hatte. Und dann hatte das Leben ihn einem auf tragische Weise wieder weggenommen. Von diesen Verbrennungen erholte man sich nicht so leicht. Aber im letzten Sommer, mit den Abenteuern im Verein, hatten sie mehr an ihre Träume als an ihre Erinnerungen denken können.

An diesem weißen Krankenhausbett geschah etwas. Es

war, als hätten die drei Freundinnen – die drei Schwestern, ohne es auszusprechen, einen heimlichen Pakt geschlossen. Schwestern, nicht des Blutes, natürlich, aber gerade die sind ja oft weniger schwesterlich miteinander. Einen Moment lang schauten sie sich mit aufrichtiger Zuneigung in die Augen, und dann beschlossen sie, schweigend, aber mit einem kräftigen Händedruck, dass sie, wie auch immer die Dinge standen, weiter voranschreiten würden. Es gab einen tiefen Seufzer, auch weil in dem Moment der hübsche Arzt wieder ins Zimmer zurückkehrte.

»Signora Jolanda, bitte machen Sie sich noch einmal frei, damit ich sie erneut abhören kann«, sagte er.

»Aaah, Jolanda, nichts als das Herz. Dem Herzen befiehlt man nicht, wissen Sie das nicht, Dottore?«, scherzte Erminia gut gelaunt.

Den Arzt brachte sie damit nicht wenig in Verlegenheit, der jedoch kurz darauf überrascht und mit weit aufgerissenen Augen ausrief: »Jolanda, ihr Herz schlägt wieder ganz normal! Was ist denn hier passiert? Wie ist denn das möglich? Der Rhythmus ist perfekt!«

Und so geschah es. Jolandas Herz schlug nach diesem Gespräch mit ihren Freundinnen wieder vollkommen normal. Manchmal genügt ein bisschen Herz im Leben. Damit sich alles wieder zurechtrückt. Und Jolanda hatte, trotz allem, was ihr im Leben widerfahren war, ein wirklich großes Herz.

Jolanda wurde noch am selben Tag aus dem Krankenhaus entlassen und schenkte ihrem hübschen Arzt einen der Kalender. Ihre Telefonnummer traute sie sich aber nicht auf die Rückseite zu schreiben.

– 25 –

Das aufgewühlte Meer

Der Virus verging. Aber im Verein grassierte eine neue Krankheit: die Angst. Und die war viel schwerer zu bekämpfen.

»Hört mal, Leute, wir müssen weitermachen. Sind da alle bei mir? Machen wir weiter oder nicht? Es reicht mit dem Kranksein, ich weiß gar nicht, was da über uns gekommen ist. Wollen wir uns was Neues ausdenken, um das Geld für die Reise ans Meer zusammenzubekommen? Alle zusammen?«, sagte Erminia in hartem Ton bei der ersten Versammlung nach dem Pakt im Krankenhaus.

»Liebe Frauen«, erklärte Armida freundlicher, »wir müssen wissen, ob ihr noch Lust habt, weiter daran zu arbeiten, dass unser Traum Wirklichkeit wird. Es fehlen uns etwas weniger als dreitausend Euro, um für eine Woche eine schöne Reise ans Meer zu machen mit Bus, Fahrer und Vollpension.«

»Ich fahr nicht mehr ans Meer«, verkündete Chiara ohne Umschweife. »Ich komm nicht mehr mit.«

»Ich auch nicht«, echote Valentina in leicht schuldbewusstem Ton.

»Ich auch nicht«, gesellte sich Amalia zu ihnen.

Im Saal des »Rhododendron« war das Zischen eines

Pfeils zu vernehmen, der direkt ins Herz traf, besser gesagt, in drei Herzen. Schweigen senkte sich herab.

»Was soll denn das? Und das sagt ihr einfach so? Aber warum nur? Wieso habt ihr es euch anders überlegt?«, fragte Jolanda mit einer Hand auf dem Herzen.

»Ich hab keine Lust mehr, dauernd was zu unternehmen, Jolanda. Und außerdem hat mir das Foto auf dem Kalender nicht gefallen, ich hab mir ein anderes Kleid vorgestellt, und ich hab auch schon mit meiner Familie gesprochen, und um ehrlich zu sein, habe ich keine Lust mehr, mich noch einmal lächerlich zu machen, um Geld zusammenzukriegen«, sagte Chiara herzlos.

»Ich hab eher gedacht, dass mir nicht so danach ist, stundenlang im Bus zu sitzen, da komme ich hinterher am Ende gar nicht mehr hoch«, sagte Amalia, die seit Beppos Tod nicht mehr dieselbe war.

»Wir hätten gleich fahren müssen, wir haben zu viel erwartet, und jetzt zerreißt sich das ganze Dorf das Maul über uns, und das gefällt mir nicht«, antwortete Valentina.

Stille. Nur das Pochen der drei Herzen, die zerbrochen waren, wie man Nüsse mit einem Nussknacker knackt. Das Geräusch des Schmerzes, das des harten Torrone, wenn man es mit einem Faustschlag auseinanderhaut. Stille. Auf dem Tisch klebriger Honig.

»Bei mir ist es das Herz, Erminia, du weißt, dass ich krank bin. Wenn ich mitkäme, wäre ich nur eine Belastung für euch, weil ihr mich die ganze Zeit überallhin mitschleppen müsstet. Ich will kein Spaßverderber sein, ans Meer zu fahren muss Spaß machen, und mir würde ja ein Koffer voller Medikamente nicht mal reichen, ich müsste schon einen ganzen Arzt mitnehmen«, klagte Vitalina.

»Ich bin jetzt fünfundachtzig und war noch nie am Meer, da kann ich es auch genauso gut sein lassen. Ich denk mir den Lago di Morandino als Meer und guck mir das richtige Meer im Fernsehen an, da macht es mir wenigstens keine Angst«, schloss Irma und durchbohrte Erminias Herz endgültig.

Unerwartet. Schmerz. Herzschmerz. Zerschlagener Traum. Stille. Das Geräusch eines Nussknackers. Zerschmetterte Nüsschen. Klebriger Honig.

»Also, ihr kommt nicht mit?! Gut. Aber hört gut zu, was ich euch sage, liebe Leute!« So laut, dass sogar der Bürgermeister, der im ersten Stock des Rathauses Ehrungen vornahm, zusammenschrak. »Mit dem Geld, das wir dadurch übrig haben, bleiben wir länger am Meer, aber ich schwöre euch, nächstes Jahr könnt ihr Sachen wie Kalender oder Ausflüge oder vielleicht sogar den Verein vergessen! Das könnt ihr vergessen, weil ich nichts mehr mit den Frauen zu tun haben will, ich arbeite dann nur noch mit den Männern, und wagt es nicht, wagt es bloß nicht, euch zu beschweren, weil eine andere an eurer Stelle ans Meer gefahren ist, denn wir fahren ans Meer, und wenn wir allein fahren, und ihr Frauen, ihr könnt mich mal, aber endgültig«, explodierte Erminia.

»Warum wollt ihr denn nicht mitkommen?«, fragte Jolanda den Tränen nah. »Es ist doch alles gratis, wenn wir das Geld zusammenbekommen. Ihr müsst nichts bezahlen, wir sind alle zusammen, dieses eine Mal in unserem Leben.«

»Aber warum organisiert ihr nicht was anderes, als ans Meer zu fahren, vielleicht einen Ausflug zur Wallfahrtskirche in Piné?«, wollte Valentina wissen.

Unerwartet. Schmerz. Herzschmerz. Zerschmetterter Traum. Stille. Das Geräusch eines Nussknackers. Zerknackte Nüsschen. Klebriger Honig. Das Rauschen des Meeres, das in der Entfernung verklingt.

MÄRZ

In Daone passiert im März nichts

Schon immer, seit Anbeginn der Zeiten, passierte in Daone im März überhaupt nichts. Wirklich rein gar nichts. Es war, als ob das Dorf und seine Bewohner für einen Monat einfroren und auf den Frühling warteten.

Und so war es auch in diesem März. Erst recht bei dem eisigen Wind, der da ging.

Es geschah nichts. Weniger als nichts.

Das Einzige war, dass Carletto die aufgetaute Statue des heiligen San Bartolomeo aus Bondo nach Daone zurückbrachte, die endlich zu Ende restauriert war. Aber als er wieder zurückkehrte, musste er feststellen, dass an seinem Platz die Statue der Madonna della Neve stand.

Und nun? Der Heilige nahm das jedenfalls ganz und gar nicht gut auf.

APRIL

– 27 –

Deus ex machina

»Massimo, Massimo! Weißt du noch, wer ich bin? Ich bin Armida Brisaghella aus Daone, erinnerst du dich noch an mich? Ich bin die mit dem Waschzuber, dem *Love Boat*. Wir müssen dringend mit dir reden. Es gibt da ein schwerwiegendes Problem. Wann kannst du kommen? Wir sind ja immer hier, du kannst mich zu Hause anrufen. Am besten um die Mittagszeit«, sagte Armida und hielt dabei den Hörer fest umklammert, während Jolanda trostspendend neben ihr stand.

Erst dachte Massimo an einen Scherz. Immerhin war der erste April, und Carletto stand bestimmt schon mit seinen Plastikfischen am Lago di Morandino bereit. Aber es war kein Scherz. Seine Armida brauchte ihn wirklich. Nach einem Telefonat, in dem er wenig, sehr wenig über das tatsächliche Problem erfuhr, sprang er, ohne zu zögern, in seinen Jeep und machte sich auf den Weg nach Daone. Er war einfach der Mann ihrer Träume.

Die beiden erwarteten ihn mit einer gewissen Sorge in der Bar Il Paradiso, wo sie Tee tranken. Nachdem sie schier unendlich lang Höflichkeiten ausgetauscht hatten, erzählten die Frauen dem ahnungslosen Massimo in nicht chronologischer Reihenfolge, was in den letzten Monaten geschehen war.

»Wie, der Kalender ist nicht gut angekommen? Ehrlich?«, fragte er verblüfft. »Wieso habt ihr nur so wenige verkauft? Ihr hättet mich anrufen müssen, mich informieren, jetzt haben wir schon April, und jetzt meldet ihr euch? Wieso habt ihr nicht schon längst angerufen?«

»Weißt du, Massimo«, sagte Armida, »hier gehen die Tage und die Monate weg wie warme Semmeln, es gibt immer tausend Sachen zu erledigen, erst die Feiertage, dann ging so ein komischer Virus um und jetzt... jetzt haben wir dich ja angerufen. Nicht mal Erminia weiß, dass wir dich angerufen haben.«

»Ja, wo ist denn überhaupt Erminia?«, fragte Massimo.

»Zu Hause. Auf dem Sofa«, antwortete Jolanda trocken.

»Wir haben beschlossen, dich anzurufen, um eine Lösung für den Verkauf der Kalender zu finden, wenn man da überhaupt noch was machen kann. Weil wir immer noch nicht genug Geld zusammenhaben, um ans Meer zu fahren. Wir dachten, dir fällt womöglich was ein. Vielleicht können wir den Kalender irgendwie günstiger anbieten? So was wie Winterschlussverkauf, um noch ein bisschen was rauszuschlagen?«, schlug Armida vor.

»*Madonna mia,* Mädels! Im April ruft ihr mich an! Drei Monate hab ich euch allein gelassen, und seht nur, was ihr angerichtet habt. Jetzt lasst mich mal überlegen, was man mit dem Kalender machen könnte, wie wir noch ein bisschen Kohle reinkriegen könnten, um euch ans Meer zu schicken. Schließlich will ich auch mit«, sagte Massimo. Also dachte er nach.

Und sie dachten nach. Schweigend. Jeder in seine eigenen Gedanken versunken um diesen Teetisch herum, während auf der anderen Seite laute Touristen den Ausblick kommentierten und zum Aperitif ein Glas Weißwein tranken.

Dann, ganz unvermittelt, rief Massimo aus: »Das Netz! Natürlich! Leute, das Netz könnte die Lösung sein.«

»Entschuldige, Massimo«, sagte Armida etwas brüsk, »ich verstehe ja nichts davon, weder theoretisch noch praktisch, aber ich kann dir nur sagen, dass die Sportangler hier kein Netz benutzen, sondern Angeln. Also für die Fische, verstehst du?«

– 28 –

Der Problemlöser

Der Problemlöser kam im ersten Morgenlicht eines strahlenden Frühjahrstages. Man sah ihn zu Fuß vom anderen Ende des Dorfes heraufkommen. Er kam mit einem kleinen Köfferchen, von dem ein gleißendes Licht ausging. Sein Schritt und seine Haltung verhießen, dass hier einer kam, der wusste, was er tat. Ein ansteckendes Lächeln auf den Lippen, einen rötlichen, vom Wind zerzausten Lockenschopf auf dem Kopf. Der Problemlöser hieß Alberto, auch wenn ihn alle – auf Deutsch – Wolf nannten. Wolf Alberto also.

Alberto war der Enkel von Ores, vielleicht auch von Bice oder Maria, jedenfalls ein Sohn von Cesare und ein Cousin von Norma. Armida wusste das nicht mehr so genau, jedenfalls war er von Massimo und Jury herbeigerufen worden, die ihrerseits richtig Ahnung von Technik hatten.

Die drei vom Ave Maria hielten unter größter Geheimhaltung vom Balkon von Erminias Haus Ausschau nach ihm, auch wenn diese selbst noch nicht ganz verstanden hatte, wer er war und wozu dieser Problemlöser nützlich sein sollte. Ihre Freundinnen wollten ihr eine Überraschung bereiten.

Alberto kam mit seinen ganzen jugendlichen eins neunzig herein und setzte sich, nachdem man ihn dazu eingeladen hatte, im Zimmer auf die kleine Bank neben dem Kamin zu den Frauen, die ihn schamlos musterten. Es brauchte Stunden, um Albertos Abstammung gründlich aufzuklären, aber dann, nachdem sie sich – trotz einer etwas obskuren Verbindung zur Familie Filosi aus Praso – von seiner genealogischen Vertrauenswürdigkeit überzeugt hatten, baten sie ihn zu sprechen und zwangen sich selbst zum Schweigen.

Und Schweigen ward. Wirklich niemand sagte mehr etwas, vielleicht, weil nicht ganz klar war, was als Nächstes passieren sollte bei diesem Treffen zwischen drei Großmüttern, einem Problemlöser und einem leuchtenden Koffer, der auf dem Tisch lag. Schließlich war es Armida, die das Schweigen brach, indem sie ihrer Neugier erlag und fragte, was denn in dem Köfferchen sei.

»Liebe Signora Armida, das werde ich Ihnen gleich erklären«, sagte der Problemlöser, der über tadellose Umgangsformen verfügte. »In dem Köfferchen ist das Netz.«

»Ah, aber da hat doch der Massimo wieder nicht richtig zugehört! Nicht wahr, Jolanda, du erinnerst dich, ich hab ihm doch gesagt, dass wir hier kein Netz benutzen. Dieser Massimo ist wirklich frech, auch wenn er schon ein hübscher Bursche ist«, setzte sie mit einem Lächeln hinter den Brillengläsern hinzu. Ja, wenn Armida lächelte, fing es wirklich in den Augen an.

»Liebe Armida, und auch Sie, Jolanda und Erminia, Massimo hat mir gesagt, dass Sie hier kein Netz haben und dass ich Ihnen ein bisschen erklären soll, was es ist und wie es funktioniert«, erklärte der Problemlöser.

»Na, dann aber mal los, junger Mann, jetzt mal raus mit der Sprache, aber so, dass wir Sie auch verstehen können, ich versteh nämlich bis jetzt rein gar nichts«, meldete sich Erminia zu Wort, die schon lange nichts mehr gesagt hatte.

»Also gut, ich versuch's, ich spreche zwar keinen Dialekt, aber ich versuch's. Wie ich es mit Massimo besprochen habe, wollte ich Ihnen zeigen und versuchen zu erklären, wie Sie Ihren Kalender doch noch verkaufen können, um das Geld für Ihre Reise ans Meer zusammenzubekommen, indem Sie das Netz nutzen, und zwar mit einer Initiative, die sich *Crowdfunding* nennt«, sagte Alberto etwas stockend.

»Krautfanding, Krautpudding, was soll das sein?«, rief Erminia.

»Meine Damen, es handelt sich um eine Art virtuelle Kollekte, das heißt, man sammelt, nicht real, sondern im Netz, über das Internet. Massimo und ich dachten, wir erzählen Ihre Geschichte den ganzen Leuten im Netz und bitten dann um einen kleinen Beitrag, um das Geld zusammenzubekommen, das Ihnen noch fehlt, und verschenken dafür vielleicht den Kalender. Sie wissen doch, was das Internet ist?«

»Das Internet?«, fragte Erminia, und dabei stand ihr förmlich ein Fragezeichen ins Gesicht geschrieben. Sie drehte sich zu ihren Freundinnen um, die die ganze Zeit das Köfferchen nicht aus den Augen gelassen hatten.

»Ich kenne mich da nicht aus«, antwortete Armida mit finsterem Blick, »für mich ist das ein schwarzes Loch.«

»Ich auch nicht, weißt du, Alberto, von so was verstehen

wir hier im Tal nichts«, sagte Jolanda, die ihn tatsächlich wie einen ihrer Enkel behandelte.

Und so kam es, dass der Problemlöser den Inhalt des Köfferchens auspackte und die Frauen auf eine lange, ausgedehnte, überaus vergnügliche, vollkommen unverständliche, verrückte Reise ins Netz mitnahm, in die Welt des Internets.

Zusammmen mit dem neu gewonnenen »Enkel« reisten sie in unendliche Weiten, in ferne Galaxien voller Blumen und gigantischer Schmetterlinge, Tiere, Flugzeuge, Zeichentrickfilme, riesig groß und winzig klein geschriebener Wörter, Anleitungen, Traktoren, Bilder jeder Form und Farbe. Mit einem »Klick« streiften sie von Europa nach Japan, flogen in rasender Geschwindigkeit von russischen Bergen herab, um mit Google Maps wieder direkt vor der eigenen Haustür zu landen. Sie sahen die Fotos ihrer Lieben und deren Geburts- und Sterbedaten. Sie entdeckten die Mysterien der Pharaonen und die Wettervorhersage für die nächste Woche. Sie gingen auf die Jagd nach ihren Vorfahren und verharrten mit Tränen in den Augen beim Anblick eines Kleinkindes, das gerade seine ersten Schritte machte. Sie lernten alles über internationale Politik, die Gründer von Facebook, was Facebook überhaupt ist, auch wenn sie es Faissbuck nannten. Sie sahen sogar eine Botschaft von Papst Franziskus, hörten die Stimme von Angiola Baggi und ließen sich ausrechnen, wie viele Kilometer es bis ans Meer waren. Dann wollten sie alle Strände der Welt sehen, um den schönsten auszusuchen, und die Preise aller Pensionen mit drei Sternen erfahren. Am Ende war ihnen ganz schwindelig, und sie sangen noch ein Lied mit Gianni Morandi. Und dann hatten sie ein dermaßen schlechtes Gewissen wegen dieser ganzen Reisen in diese ferne Welt, dass sie noch ein Gebet an ihre Madonna richten mussten, von der sie, ebenfalls aus dem Internet, erfuhren, dass sie überhaupt nicht ihnen allein gehörte.

»Wie das denn?«, fragte Erminia empört. »Die Madonna della Neve gibt es auch anderswo, nicht nur in Daone? Wie ist das nur möglich, Junge?«

Der freundliche Alberto öffnete ihnen ein Fenster über die Madonna. Sie lasen und redeten über sie, vielleicht auch mit ihr, und entdeckten, dass es tatsächlich viele Madonne della Neve gab und dass sie alle am 5. August gefeiert wurden. Was sie jedoch am meisten überraschte, war, dass eine von ihnen tatsächlich ans Meer gezogen war, nach Kroatien, um genau zu sein, auf die Insel Ugljan. Wegen dem ganzen Schnee vielleicht? Oder wegen der Kälte?

Als es tiefe Nacht war, kehrten sie erschöpft von der langen Reise auf die Erde zurück, aber Alberto bat sie um eine letzte Anstrengung: Sie sollten sich etwas ausdenken, etwas über sich. Womit man in der Welt des Internets ein Fenster zu ihrer Geschichte aufmachen konnte.

Es war ein Moment zwischen Poesie und Erregung, wie beim ersten Mal in der Liebe. Der erste Kuss. Die erste Kommunion. Eine Initiation. Eine Blutsbrüderschaft zwischen Kindern hinter dem dicksten Baum auf dem Schulhof, mit der man einen Geheimbund gründete, eine Clique. Es war wie in der Fahrschule. Erst hat man Angst, aber wenn man dann anfängt zu fahren, spürt man schon jenen Hauch der Freiheit, der nicht mehr aufzuhalten ist. Sie waren jetzt frei zu reisen, wo immer sie hinwollten.

Das Fenster zu ihrer Welt hieß: *»FUNNE − Le ragazze che sognavano il Mare* − Die Frauen, die vom Meer träumten«.

Und an diesem Frühlingstag, durch dieses Fenster, zusammen mit ihrem neu gewonnenen Enkel, spürten sie die erste Brise dessen, was ein langer, warmer Sommer werden würde. Der Sommer der Frauen und ihres Traums, zusammen ans Meer zu fahren. Zum ersten Mal, und auch das dank des Internets. Und zum ersten Mal tippte Erminia auf einer Computertastatur und konnte sich vor Freude kaum auf dem Stuhl halten.

»*Crowdfunding*«, rief irgendwann Armida überrascht aus. Und schaffte es sogar, es richtig auszusprechen.

»Ich glaube wirklich, dass uns die Leute helfen werden«, sagte Jole treuherzig. »Und wer weiß, vielleicht überlegt es sich dann noch eine von denen, die eigentlich nicht mitwollten, noch anders.«

»Das glaube ich nicht«, meinte Erminia. »Aber warten wir erst mal ab, was passiert …«

Wer weiß, wohin sie diese Reise noch führen würde. Sie hatten nicht die geringste Ahnung. Wenn doch, dann hätten sie ihre Festtagskleidung angelegt oder sich vielleicht, besser noch, gleich einen Bikini gekauft.

– 29 –

Ciao Internet

»Ciao Internet, ich bin's, Armida, eine von den Frauen von dem Kalender aus dem kleinen Bergdorf. Wir wollen unseren Traum verwirklichen, vom … (lange, fragende Pause) … also wegzufahren … (zweite sehr lange Pause) … wohin? Ans Meer … Um was zu machen? … Also, ans Meer zu fahren, um ein paar Tage da zu verbringen in … (sehr lange Pause) … Frieden und zusammen mit den anderen Frauen. Und um das Geld dafür zusammenzubekommen, bitten wir um eure Hilfe mit dem … Krautfanding. Wenn ihr uns helfen könntet, wären wir euch von Herzen dankbar. Und wir danken auch dem Krautfanding.«

Und so begann die Reise der Frauen und ihre Geschichte im Internet, mit einem Video-Appell, der sich nach Heimat anhörte und unglaublich viel Zuneigung weckte, weil er nach Polenta und selbst gemachten Karamellbonbons schmeckte.

Allerdings war noch viel zu tun im Internet, und die Zeit war knapp. Die Frauen beschlossen also, für den Enkel Alberto eine Unterkunft zu finden, damit er in Ruhe arbeiten und nicht immer erst aus der Stadt anreisen musste. Dazu könnten sie auf diese Weise ein Auge auf ihn behalten, und außerdem hatte diese erste Reise ins Netz ihnen so viel Spaß gemacht, dass sie noch mehr darüber erfahren wollten.

Sie entschieden sich für eine weit von neugierigen Augen entfernte Unterkunft, ein kleines Zimmerchen im obersten Stockwerk des Hotel-Ristorante La Valle. So hatte Alberto auch gleich etwas zu essen, denn da aß man gut und gesund. Drei Wochen lang widmeten sich die drei Verschwörerinnen mit Fleiß und Ernsthaftigkeit dem gründlichen Studium des Internets, sodass sie in kürzester Zeit zu den kundigsten Expertinnen in Sachen Technik und Computern von ganz Daone wurden.

Obwohl die Sache natürlich streng geheim gehalten werden musste, waren sie derart aufgeregt angesichts all des Wissens, das sie erwarben, all dieser Wissenschaft und dieser Kenntnisse und dieser schönen englischen Wörter, dass Armida beim Metzger etwas herausrutschte, als sie Marcello riet, seine Würste doch online zu verkaufen, denn schließlich würde er doch nicht nur von Fotografie ein bisschen was verstehen, sondern auch vom Internet. Ein Glück, dass Bergamina den Laden kurz zuvor verlassen hatte!

Im Dorf war wieder Ruhe und Frieden eingekehrt. Wahrscheinlich auch, weil nach dem bedauernswerten Hinscheiden des Hahns Beppo niemandem mehr nach Singen zumute war. Nach Erminias Wutausbruch und der Krise des »Rhododendron« hatte sich alles wieder etwas beruhigt. Zumindest dem äußeren Anschein nach.

Der Virus war besiegt, Bergaminas Aphte an der Zunge abgeheilt, und die Madonna della Neve regierte souverän und heiter in der Kirche über alle Einwohner Daones. Irgendwann bemerkte jemand, dass an all dem Chaos vielleicht nur der heilige San Bartolomeo schuld gewesen war, denn seit die Madonna an seiner Stelle saß, hatte es wirklich keinerlei Probleme mehr gegeben.

Und gegen die Madonna war nun wirklich nichts einzuwenden. Ja, seit die Frauen herausgefunden hatten, dass es auch eine »marine« Madonna della Neve gab, in Kroatien, gab es keinen Zweifel mehr daran, wohin ihre Reise führen würde. Auch wenn sie in dem Ruf standen, ein bisschen extravagant zu sein, waren die drei Freundinnen doch immer noch tiefgläubige Frauen, und wenn es etwas gab, das sie wirklich liebten und worauf sie keinesfalls verzichten wollten, dann war das selbstverständlich das Fest zu Ehren ihrer Schutzpatronin, das, wie nun auch wirklich der Letzte wusste, am 5. August gefeiert wurde. Aufgrund ihrer vielfältigen Aufgaben, um die sie sich kümmern mussten – die Toten, die Heiligen, Verwandtschaft, Taufen, Firmungen und die diversen Polentas – blieb ihnen und dem übrig gebliebenen Teil der Gruppe nur die erste Augustwoche, in die nun ausgerechnet der Feiertag ihrer Schutzpatronin fiel. Na dann würden sie ihre Schutzpatronin eben bei einem »Auswärtsspiel« feiern! Zwei Fliegen mit einer Klappe. Zwei Träume zum Preis von einem.

»Meine lieben Frauen, ihr wisst aber schon, dass der Ort, wo ihr eure Madonna feiern wollt, richtig weit weg ist? Und auf einer Insel?«, fragte der Enkel eines Morgens auf der Terrasse des La Valle, denn die Sonne schien so herrlich, dass der Unterricht ins Freie verlegt werden konnte.

»Lieber Alberto, es ist uns egal, wie weit es ist. Wir wollen ans Meer fahren, um unsere Madonna zu feiern. Und da nehmen wir auch eine Insel, Hauptsache es gibt Meer«, gab Armida in festem Ton zurück, während sie ihr Notizbüchlein für den Unterricht aus der Tasche zog.

»Ja, Armida, ist ja gut, aber wir müssen schon gucken, wo wir hinfahren und wie weit es ist und ob das Geld reicht, nicht dass es nachher zu weit ist und keiner mehr mitkommt oder wir zu viele Pinkelpausen machen müssen, also los, Alberto, zeig uns die Insel«, sagte Erminia in ihrem starken Dialekt.

Also zeigte Alberto seinen Großmüttern die ersten Bilder jener paradiesischen Insel. Schweigen. Nur das Rauschen des Meeres um das Ristorante La Valle herum.

»Aaah«, machten sie schließlich im Chor, während sie sich schon ausgestreckt im feinen, weißen Sand liegen sahen, eine warme Brise, die ihnen übers Gesicht strich, einen alkoholfreien Cocktail mit einem Schirmchen darin schlürfend, wie man es in den Fernsehfilmen immer sah.

»Wir müssen uns unbedingt ein Sonnenhütchen kaufen, was, Jolanda?«, sagte Armida mitten in den Traum hinein.

»Ja, aber vorher müssen wir erst einmal die Internetkampagne fertigbekommen«, stellte Alberto klar. »Wir müssen das *Crowdfunding* starten, abgestimmt mit der Facebook-Seite mit eurem Appell darauf und eurer Geschichte, dazu könntet ihr vielleicht ein paar Selfies machen, die man auf der Seite posten könnte, und vor allem müsst ihr festlegen, welche Summe euch fehlt, um ans Meer zu fahren, den Zeitraum festlegen, in dem ihr das Ziel erreichen wollt, und vor allem, was ihr euren Followern als Gegenleistung geben wollt ...«

»Aaahhh.« An der Stelle brach Armida ohne viel Federlesens auf dem Tischchen der Terrasse des La Valle zusammen. Zu viele schwierige Wörter auf einmal, vielleicht war es aber auch nur ein frühlingshafter Sonnenstich, denn hier oben in den Bergen ist die Sonne kräftiger als am Meer, und wenn sie richtig sticht, tut das weh. Armida hatte recht, man hätte sich einen Sonnenhut kaufen sollen, bevor man sich auf die Reise machte.

Aber es reichte ein bisschen Zuckerwasser, um Armida wieder auf die Beine zu helfen, und den x-ten Anpfiff von Erminia, um den Enkel einzubremsen, denn wenn der beim Erklären erst mal richtig in Fahrt kam, verstand man kein Wort mehr. Folglich wurde der Unterricht mit der Niederschrift der Geschichte ihres Traums fortgesetzt, und zwar in jenem Fenster in die Welt, das sich »Faissbuckseite« (wie Armida voller Stolz erklärte) nannte. Dann fügten sie der Seite ein paar Fotos von sich und den anderen Vereinsmitgliedern hinzu, aber vor allem die Fotos aus dem Kalender und das Video, in dem sie an all die Leute im Internet appellierten. Danach rechneten sie aus, wie viel Geld sie erbitten mussten, wobei sie mit zwölf Frauen kalkulierten, die Kosten für Verpflegung und Unterkunft, den Reisebus und die Sonnenhüte. Es fehlten dreitausendeinhundertsechzehn Euro, die bis zum 5. August erzielt sein mussten, was das Abschlussdatum oder der Tag der Madonna della Neve war, je nachdem, wie man die Sache betrachtete.

Blieb nur noch über die sogenannte »Belohnung« zu entscheiden, und dann würde alles ins Netz gestellt werden.

Für wen sollte denn die Belohnung sein? Wer verdiente eine Belohnung? Und wofür? Mit heiliger Geduld gewappnet erklärte der Enkel ihnen, dass man, wenn man ein Crowdfunding startet, all jenen, die einen Beitrag dazu leisten, allein schon aus Gründen der schlichten Höflichkeit, eine Belohnung gibt. Also ihnen ein kleines Geschenk macht. Graziella, die einzige Zeugin dieser Zusammenkünfte auf der Terrasse des La Valle, behauptet, sie hätten bis zwei Uhr nachts gebraucht, um zu entscheiden, welche Geschenke sie geben wollten, und dass sie sogar das Abendessen ausgelassen hätten, damit Alberto nicht so spät ins Bett kam. Jedenfalls rasten die Frauen mit gefundenen und verworfenen und wieder hervorgeholten Ideen durch diese Welt, in der sie sich ein bisschen hier und ein bisschen dort fühlten. Zwischen zwei Inseln.

– 30 –

Krautfanding oder all dieses Zeug

Die Essenz der ungezählten Lektionen wurde von Armida in allgemeinverständliche Sprache übersetzt in ihrem Notizbuch notiert. Es hieß »Informatische Notizen, um Alberto zu übersetzen oder bei Bedarf nachzulesen«. Im Folgenden ein paar Auszüge daraus:

- »Krautfanding« ist, wo das Geld der Kollekte für uns Frauen gesammelt wird, damit wir ans Meer fahren können. Man startet es im Netz. Alberto macht das. Die Leute können das Geld dorthin geben.
- »Faissbuck« ist wie ein Fenster ins Netz, aber nicht so ein Netz wie bei den Fischern, das ist etwas anderes. Es ist eine Seite, auf der man schreiben kann. Also haben wir zusammen mit Alberto unsere Geschichte daraufgeschrieben und die Fotos von Massimos Kalender dazugetan, damit ihn vielleicht noch jemand kauft, denn den gibt es jetzt zum halben Preis.
- Geld: Es fehlen dreitausendeinhundertsechzehn Euro, damit alle Frauen vom Kalender ans Meer fahren können. Die Leute vom Krautfanding darum bitten.
- Tage: Beim Internet haben sie uns gesagt, dass wir neunzig Tage haben, um das ganze Geld zusammen-

zubekommen. Wir haben bis zum 5. August Zeit, sonst verfällt alles (»Gol« nennt Alberto das), und das ist auch der Tag der Prozession.

- Meer: Wir fahren auf die Insel, wo es auch eine Madonna della Neve gibt. Mit Alberto haben wir entdeckt, dass es mehr als eine Madonna della Neve gibt. Im Internet haben wir auch eine Bäckerei und ein Restaurant gefunden, die so heißen. Wenn wir im August ans Meer fahren, wie wir wollten, verpassen wir das Fest unserer Madonna nicht, und Pater Artemio kann auch nichts dagegen haben.

- Belohnungen: Geschenke für diejenigen, die uns Geld geben. Was schenken wir ihnen? Wir haben Ideen aufgeschrieben, weil wir ihnen eigentlich ein Essen hier anbieten wollten, aber Alberto sagt, dass das ein bisschen zu kompliziert werden könnte.

- Geschenkideen: Eine Postkarte vom Meer, von uns unterschrieben, aber wenn es zu viele werden, tut uns hinterher das Handgelenk weh. Wenn wir sie nicht einladen können, könnten wir ihnen unsere Rezepte erklären, und Alberto sagt, wir könnten auch ein Video machen und auch das ins Internet stellen. Erminia hat auch überlegt, eine Rhododendronbrosche machen zu lassen (mit unserer Blüte, damit sie sich an uns und das Tal erinnern können).

MAI / JUNI

Weil das, was im Folgenden erzählt wird, so viel und so durcheinander war, dass am Ende niemand mehr wusste, ob es im Mai oder im Juni passiert ist.

Die Männer bevorzugen die *Funne*

An einem fast schon sommerlichen Morgen, und das war
mit Sicherheit noch im Mai, färbte ein leises, aber auch
ziemlich nerviges Grillenzirpen das Geräusch des Windes
in den Gassen des Dorfes. Alles war ruhig, ein bisschen
ruhiger als gewöhnlich. Die vier Straßen und die beiden
Kreuzungen lagen verlassen und still da, ein bisschen stiller als gewöhnlich. Deshalb überquerte eine kleine Schne-
cke tief in ihre eigenen Gedanken versunken in aller Ruhe
die Kreuzung, ein bisschen langsamer als gewöhnlich, so
langsam, dass irgendwann jemand vorbeikam und sie in die
Hand nahm, damit sie schneller hinüberkam. Schnecken-
marmelade am frühen Morgen war nicht gut, das brachte
Unglück. Die Jalousien von Marcello und Sonia waren
noch heruntergelassen, nur die vom Paradiso waren schon
ein wenig hochgezogen. Die Bar war gerade dabei aufzu-
machen, aber mit mehr Ruhe als gewöhnlich.

Plötzlich jedoch wurde all diese Ruhe brutal von
Glockengeläut unterbrochen. Mit einem Mal hörte man
ein derart majestätisches Geläut, dass man sich in allen
Häusern fragte, was den Carletto überkommen haben
mochte, morgens um acht. Was war los, dass die Glocken
Sturm läuteten?

Ding, dong, dong. DING, DING, DONG, DONG, dröhnten die Glocken immer lauter, erfüllten dröhnend und hallend die Luft, so laut, dass das DING, DONG irgendwann sogar bis zu Beppos Haus drang, dem, der oben an der Staumauer wohnte. Der oben im Himmel jedoch tat, als wäre nichts, wahrscheinlich wollte er seinem Erzfeind diesen letzten Sieg nicht gönnen. Carletto hatte wirklich alles gegeben an diesem Samstagmorgen im Mai, und niemand wusste, warum. Dann hörte das Läuten ebenso plötzlich wieder auf, wie es begonnen hatte. Und erneut herrschte Stille. Aber es war eine von denen, die etwas zu verkünden schienen, die einem noch schlimmeren Spektakel vorangehen.

Ding, dong, dang, erhoben die Glocken noch einmal ihre Stimme, aber diesmal deutlich feierlicher als beim ersten Mal.

»Guten Morgen, liebe Hörerinnen und Hörer, hier spricht Radio Vatikan. Wir haben heute Morgen eine sehr lustige Gruppe Damen in der Leitung, die einem Seniorenclub eines kleinen Bergdorfes im Trentino angehören. Sie nennen sich ›Funne‹, was in ihrem Dialekt ›Frauen‹ bedeutet, und sie haben noch einen Traum in der Schublade. Hören wir einmal, worum es sich handelt. Also, Signora Erminia, hören Sie mich?«, sagte die Sprecherin.

Und in dieser Sekunde kam das Glockenläuten nicht aus der vorübergehend von der Madonna besetzten Kirche des Heiligen, sondern von einer sehr viel weiter entfernten Kirche, an einem sehr viel größeren Platz einer sehr viel heiligeren Stadt, aus allen Radios in ganz Daone.

Die Einwohner von Daone sind, das ist bekannt, sehr gläubig.

»*Madonna*, Jolanda, was für eine Aufregung! Hör nur die Glocken des Papstes, hör nur, wie sie aus dem Vatikan über uns reden. Ist das denn die Möglichkeit?«, fragte Erminia so aufgewühlt wie noch nie.

Oh ja. Es war wirklich wahr. Das Läuten jener Glocken kam direkt aus Rom, vom Petersplatz. Weil, wie in jedem anständigen Märchen, nachdem sie mithilfe des lockigen Enkels ins Netz gegangen waren, jemand ihre Geschichte entdeckt hatte. Und der Erste, der sie bemerkt hatte, war ausgerechnet er gewesen. Er. Der ganz in Weiß Gekleidete, der in Rom lebte, auch wenn er nicht dort geboren war.

»Guten Morgen, Signora, *salve*, hier spricht Erminia«, sagte die Präsidentin mit zittriger Stimme, wobei sie ihr allerbestes Italienisch hervorholte. »Entschuldigen Sie, ich bin dermaßen gerührt und kann es kaum glauben, dass Sie tatsächlich aus Rom anrufen, mir ist schon fast kalt… *Madonna santa*, Jolanda, mein Herz rast«, stammelte sie flüsternd. Noch nie hatte man sie so gesehen, eine Hand auf dem Herzen, um es im Zaum zu halten.

»*Salve*, Signora Erminia, auch mich freut es sehr, hier sind alle ganz verrückt nach Ihrer Geschichte. Wir haben sie im Netz entdeckt, und sie ist schon bis zum Papst durchgedrungen. Wir würden gern etwas mehr über Sie erfahren, über Ihren Traum, ans Meer zu fahren. Erzählen Sie uns doch ein bisschen über dieses *Crowdfunding*«, bat die Stimme im Radio.

Die drei konnten es kaum glauben. Nervös tigerten sie im Bar-Saal des »Rhododendron« auf und ab, ohne allzu viel von dem zu verstehen, was vor sich ging. Sie teilten sich ein Handy, das auf laut gestellt war, damit sie alle zusammen hören konnten, was am anderen Ende gesagt wurde, von diesen Leuten, die mit dem Papst befreundet waren, aber es gelang ihnen einfach nicht stillzuhalten. Sie hielten sich gegenseitig die hochgereckten Daumen hin und lächelten so breit, dass es schon peinlich war und ihre Wangen sich röteten. Es geht das Gerücht, aber niemand kann es beweisen, dass Erminia sich vor lauter Rührung sogar mit der Hand durch die Haare gefahren sei und für einen Augenblick ihre furchterregende Mähne zerwühlt hätte. Und dann hätte sie beinahe die Fassung verloren.

In der Zwischenzeit, nach dem *Ding, Dong,* begann im Dorf ein Trillerkonzert.

Dring, dring, dring erscholl das erste Telefon.

Dring, dring, dring echote ein zweites und dann ein drittes und ein viertes, bis es schließlich dreißig waren, bis die dicken, schwarzen Leitungen in den Telefonzentralen anfingen zu zittern wie Aale, angesichts der Geschwindigkeit, mit der Worte und das Klingeln der Telefone übermittelt wurden.

»Und jetzt zu einem anderen Thema. Wir befinden uns in einem kleinen Dorf im Val di Daone im Trentino, wo eine Gruppe brillanter Damen in fortgeschrittenem Alter, die noch nie das Meer gesehen haben, beschlossen hat, ein *Crowdfunding* auf die Beine zu stellen, um ihren Traum zu verwirklichen. Denn Träume haben bekanntlich kein Alter. Aber erlauben die heutigen Renten es den Senioren, ihre Träume zu verwirklichen?«, fragte der Moderator des Morgenjournals im Fernsehen.

Dring, dring, dring schrillten wie verrückt und beinahe synchron sämtliche Telefone des Dorfes, ganz besonders das von Erminia, das aber ständig besetzt war.

Tja. Da hatten dieser gelockte Enkel und die drei vom Ave Maria wirklich was Schönes angerichtet, dachte Carletto bei sich, während er die Sendung über die Frauen anschaute.

Sogar bis ins Fernsehen waren sie gekommen. Unglaublich, dachte Carletto weiter, während er sich mit der Statue des Heiligen unterhielt, die in einer Ecke seines Zimmers stand, seit der Restauration immer noch in Zellophan gehüllt.

Dring, dring, dring schrillten die Telefone des Ristorante La Valle und der Kooperative weiter, die auf Umwegen die zahlreichen Anfragen von Radio und Fernsehsendern entgegennahmen, die alle die Präsidentin des Seniorenclubs »Il Rododendro«, Erminia Losa, sprechen wollten. Die aber noch am Telefon war und mit dem Vatikan telefonierte.

»Danke, Signora Erminia! Das wäre alles hier von Radio Vatikan. Wir freuen uns schon auf Ihre Postkarte vom Meer und wünschen Ihnen, dass Sie Ihren Traum verwirklichen können. Aber vergessen Sie nicht die Postkarte!«, trillerte die Stimme aus dem Radio.

»Natürlich nicht! Signora, was meinen Sie, wäre es vielleicht möglich, die Postkarte direkt an den Papst zu schicken? Das wäre ein Traum für uns, den wir nicht mal zu träumen wagen würden. Wir könnten dem Papst auch unseren Kalender schicken oder persönlich bringen«, schlug Erminia schüchtern vor.

»Aber warum nicht, Signora Erminia. Sie lehren uns mit Ihrer Geschichte, dass man Träume verwirklichen kann, sofern man nur daran glaubt. Aber sagen Sie uns jetzt ganz genau, wie man diese Traum teilen und wohin die Leute das Geld schicken sollen, das Ihnen noch fehlt.«

Bei dieser Frage gerieten die Frauen endgültig in wilde Aufregung, ja, fast schon in blanke Panik.

»Zum Krautfanding«, sagte Armida nach einem Blick in ihr Notizbuch, sicher, dass sie Albertos Lektion gut gelernt hatte.

»Oder im Internet«, setzte Jolanda hinzu. »Wer noch kein Internetz gefunden hat, könnte uns das Geld auch in einem Briefumschlag an den Seniorenclub schicken, Via San Bartolomeo 11.«

Die junge Frau im Radio sagte nichts dazu oder besser, zog es vor, nichts dazu zu sagen, stattdessen forderte sie sie auf, sich ein Lied zu wünschen, und verabschiedete sich von ihnen mit extremer Höflichkeit. »Viele Grüße an Sie und den Papst«, schloss Jolanda das Telefonat.

»Erminia, wenn wir zum Papst fahren, müssen wir uns dann die Haare färben?«, fragte Armida, nachdem sie das Telefongespräch mit dem Vatikan beendet hatte, als wäre es nichts.

»Ich ganz bestimmt, mit ›Natur-Effekt‹ allerdings«, meinte Erminia, die wie so häufig Armidas Beiträge nicht ganz nachvollziehen konnte.

»Du hast ja das Problem nicht, Erminia, deine Haare

sehen ja nicht gefärbt aus, die sehen ganz natürlich aus. Ich aber trage sie weiß, weil ich alte Frauen, die sich die Haare ganz schwarz färben, wirklich nicht leiden kann. Sie machen sich doch nur lächerlich. Ich bleibe weiß. Vielleicht aber würde ich sie mir färben, wenn wir statt zum Papst zu Gianni Morandi fahren würden.«

– 32 –

Rundherum im Kreis herum

»Andavo a 100 all'ora – Ich fuhr mit hundert Sachen«, scholl aus den Radios des Dorfes einmütig das Musikstück, das sich die Frauen gewünscht hatten, bevor sie bei Radio Vatikan aufgelegt hatten. Danach wurde es vollkommen unverständlich.

»A group of elderly women from a village in northern Italy have long dreamed of seeing the sea. They call themselves the ›Funne‹ (pronounced FOO-neh), which in their dialect means ›women‹ ...«,

»Para recoger dinero, primero vendieron tartas y dulces en las fiestas del pueblo. El resultado fue decepcionante. El siguiente paso fue una aventura: hacer un calendario ... se crearon grandes expectativas, pero las ventas fueron un fracaso ...«,

»O velho ditado burro velho não aprende línguas não funcionou. Foram à Internet e através de crowdfunding pediram ajuda. Ajuda que chegou de várias partes do mundo ...«,

»Deniz görme hayallerini gerçeğe dönü'türmeye karar veren kadınlar, ilk ba'ta pek de ba'arılı olamamı'.«

Und von dem Morgen an, der stiller als gewöhnlich begonnen hatte, hörte Daone auf, ein stilles Dorf zu sein.

Die drei schelmenhaften Frauen verursachten einen solchen Krawall, dass die Stille das Dorf verließ. Endgültig. Nach Radio Vatikan nahmen die Nachrichten und ihre Geschichte dermaßen viel Fahrt auf, dass sie schon bald deutlich über hundert Stundenkilometer hatten: nationale Radiosender und internationale Fernsehsendungen, von Zeitungen aus aller Welt bis hin zu Artikeln im Internet in einem Ringelreihen aus *Dring, dring* und *Ding, dong, dang,* das lange, sehr lange andauerte. Mit Sicherheit jedenfalls den ganzen Mai und Juni dieses langen, warmen Sommers.

Ringel, ringel Reihe, wir sind der Kinder dreie, sitzen unterm Hollerbusch, machen alle husch, husch, husch!

Die Frauen aus dem Trentino, die davon träumen, selbst nachzuschauen, wie das Meer aussieht, die Funne, die Achtzigjährigen, die vom Meer träumen, Die Großmütter mit einem Traum in der Schublade: mit achtzig zum ersten Mal das Meer sehen ..., schrieben Zeitungen aller Arten aus aller Welt, und überall war von den »Funne« die Rede, und dabei wussten die meisten ja nicht einmal, was das Wort bedeutete, und man musste es immer wieder geduldig erklären. In Daone, in der Bar *Il Paradiso perduto,* wo die Zeitungen verkauft wurden, kamen sie kaum noch hinterher: Schon um acht Uhr morgens war alles ausverkauft, was es noch nie zuvor gegeben hatte, nicht mal, als Italien Weltmeister geworden war. Auf der Gemeinde musste am Ende ein Mitarbeiter eingestellt werden, der den Gemeindesekretär dabei unterstützte, die telefonischen Anfragen von Radiosendern und Zeitungen weiterzuleiten, und Erminias Nummer wurde blockiert: Ihr Handy war sowieso schon heißgelaufen, und sie konnte einfach nicht mehr angesichts all der – übrigens immer gleichen – Fragen. Im Internet machte ihre Geschichte die Runde um die ganze Welt, und das *Crowdfunding* entwickelte sich zu einem überraschenden Erfolg. Aus allen Ecken und von den verschiedensten Menschen trafen Spenden ein, weil diese Geschichte und ihre Protagonistinnen irgendwie alle ein bisschen ansprachen: vom Supermanager aus London bis hin zu den Lastwagenfahrern, von der Assoziation der Großmütter in Italien bis hin zum Besitzer eines Gourmet-Restaurants in Barcelona oder einem Rentner, der nicht wusste, wie man das Internet benutzt, und daher per Post einen Briefumschlag mit Geld an den »Rhododendron« schickte, was wahrlich zu Tränen rührte.

Einige, die Jüngeren, wollten, koste es, was es wolle, die Anstecknadel des »Rhododendron«, um sich als Teil der Bewegung fühlen zu können oder weil auch ihre Großmutter noch nie das Meer gesehen hatte; wieder andere trugen etwas bei, weil sie lernen wollten, wie man eine gute Polenta kocht, oder weil sie eine Postkarte vom Meer erhalten wollten, die sie an ihren Kühlschrank heften konnten. Der Großteil der Damen und Herren, die Geld gaben, wollte einfach nur den Kalender bekommen, auch wenn bereits sechs Monate abgelaufen waren: Die Träume der Frauen gingen außerhalb von Daone weg wie warme Semmeln. Viele Leute fingen auf einmal an, über ihre eigenen Träume nachzudenken, aber das ist eine andere Geschichte, die vielleicht ein andermal erzählt wird. Wie die von der Gruppe Piemonteser aus einem Dörfchen namens Gurro, die seit fünfhundert Jahren davon träumten, einmal nach Schottland zu fahren, um nach ihren Wurzeln zu forschen, weil fünfhundert Jahre zuvor sich ihre Vorfahren im Kilt in diesem Dorf im Piemont niedergelassen hatten. Der Traum der Frauen hatte sie dazu ermutigt, auf die Erfüllung ihres eigenen Traums zu hoffen, und das würden sie vielleicht schon in ein paar Jahren schaffen.

Tatsache ist, dass dank der Macht der Träume und sicher auch der viralen Macht des Netzes – die Carmelo, den Arzt, nicht wenig erschreckte, der schon fast dachte, es sei ein weiterer Virus im Umlauf – dieser kollektive Wahnsinn so viel Geld zusammenbrachte, wie es sich wirklich niemand hatte vorstellen können. Spontan bildete sich eine Gruppe von Menschen, die mit solcher Leidenschaft an der Geschichte interessiert waren, dass sie immer noch mehr darüber erfahren wollten und sogar beschlossen, eine »Kommuniti« zu bilden, wie es in der Internetsprache hieß, erklärte Armida Alberto. »Im Grunde läuft es darauf hinaus, dass alle, die zu dieser ›Kommuniti‹ gehören«, sagte sie, »der Logik der Mundpropaganda folgen, so wie wir sie beim Kuchenverkauf angewendet haben.« Es kamen sogar Einladungen und Vorschläge von Ferienorten am Meer von verschiedenen Einrichtungen, echten und falschen, was bedeutet, dass der eine oder andere die Geschichte der Frauen nutzte, um ein bisschen Werbung für sich zu machen, weil das ja nie schaden konnte. Aber die Frauen wollten sowieso nur zu ihrer Madonna nach Kroatien fahren.

Alberto raste mit hundert im Ringelreihen mit den *Funne* mit und schaffte es kaum, die ganzen Nachrichten und Anfragen von der Facebook-Seite zu bearbeiten und allen zu danken, die einen Beitrag leisteten.

Er informierte die Frauen ständig über den Stand des *Crowdfunding* und machte sie mit den ganzen modernen Ausdrücken immer wieder wütend, auch wenn sie anfingen, ein wenig von der Technologie zu verstehen, und ihn deshalb baten, einen Video-Appell an den Mann zu richten, den zu treffen sie sich, abgesehen vom Papst, schon immer gewünscht hatten. Da man mit diesem *Crowdfunding* ja scheinbar alle Träume verwirklichen konnte, wieso auch nicht den? Gianni Morandi würde nicht widerstehen können.

Ringel, ringel Reihe, wir sind der Kinder dreie, sitzen unterm Hollerbusch, machen alle husch, husch, husch!

Eines Tages jedoch brach das Fernsehen mit seinen Truppen über das Dorf herein. Und von da an war Daone definitiv nicht mehr das, was es einmal gewesen war. Und das fing schon damit an, dass der Verzehr von Hirschkoteletts unglaublich anstieg, ebenso wie die Übernachtungszahlen und die Umsatzzahlen der Bar, weil alle diese Teams aus den großen Städten herauf- und hinunterpendelten, um die Frauen und den Bürgermeister zu interviewen.

Überall im Dorf waren Auswärtige zu sehen, die mit riesigen Taschen, Scheinwerfern, Kameras und Kabeln umherliefen, sodass der ein oder andere am Anfang regelrecht Angst bekam. Der Clubraum wurde zur bevorzugten Location für die Interviews zusammen mit dem Inneren der für die Gegend typischen Häuser. Am Ende kamen sogar ein paar Touristen, aber vor allem kehrten die Abenteurer wieder zurück. Die Frauen wurden Stammgäste in vielen Fernsehsendungen, die sich mit Seniorenthemen beschäftigten, mit Gesundheit und Medizin im Allgemeinen. Sie wurden in Talkshows eingeladen, um über Träume und Hoffnungen zu sprechen. Es kamen auch ein paar Autoren politischer Kolumnen, denen sie etwas zum Thema Rente oder Gewerkschaften sagen sollten.

Die Truppen kamen aus allen Winkeln der Welt, und irgendwann wurde es einfach zu viel. Es war nicht zu übersehen, dass die Auswahl der Sendungen, an denen die Frauen mitwirkten, keinerlei Gesetzmäßigkeit unterlag: heißt, jede Anfrage musste sich zunächst der unanfechtbaren Beurteilung durch Erminia unterziehen, die, wenn ihr gerade eine Laus über die Leber gelaufen war, keine Sekunde zögerte, das Interview zu verweigern und den Journalisten zum Teufel zu jagen. Zu viel Lärm für ein so ruhiges Dorf. Zu viele Leute in diesem sonst so schläfrigen Ort. Im Grunde, fragte sich Erminia oft, war doch bei den vielen Problemen, die es auf der Welt gab, die Frage, was die alle nur mit diesen armen Großmüttern aus den Bergen wollten.

Es ist bekannt, dass Erfolg nervenaufreibend sein kann, und das Dorf war überhaupt nicht darauf vorbereitet, auch wenn dem Bürgermeister klar war, dass dieses ständige Kommen und Gehen von Menschen eine gute Werbung für Daone sein könnte, das man jetzt sogar in Korea und England kannte. Jeden Tag ging er durch das Dorf, um die verschiedenen Fernsehteams zu begrüßen, wobei er stets einen großen Korb mit lokalen Spezialitäten bei sich trug, und er musste gestehen, dass es ihm ganz und gar nicht missfiel, vor den Fernsehkameras zu sprechen.

Pater Artemio und Carletto waren ein wenig besorgt

angesichts der vielen Scheinwerfer, die auf Daone gerichtet waren. Daher beschlossen sie, die Zahl der Messen hinaufzusetzen und damit auch die Zahl der Predigten, in denen man vor den Gefahren alles Flüchtigen warnen konnte. Während all dessen beteten die anderen *Calendar Girls* still in der Kirche, aber das Rauschen der Träume hörte man nicht mehr, es war nur noch das Geräusch der Gebete zu hören. Armida, Jolanda und Erminia hingegen hatte man schon seit einiger Zeit nicht mehr in den Kirchenbänken gesehen, zu beschäftigt waren sie mit Interviews, Telefongesprächen und den noch häufigeren Frisörterminen zum Haarelegen. Allerdings geschah es jetzt häufig, dass in den Zeitschriften bei Sonia ihre Geschichte zu lesen war, mit Fotos von ihnen vor dem Damensalon. Was für ein Irrsinn. Eines Tages kam sogar ein sehr, sehr hochgewachsener Herr und fragte sie, ob er ein Buch über die Geschichte der Frauen schreiben dürfe. Und zum Glück hatte Erminia an dem Tag gute Laune. Sonst gäbe es dieses Buch hier nicht. Und er hätte nie Polenta gegessen, weil Erminia ihn unter allen Umständen ins La Valle hatte schleifen müssen. Sie war wirklich gut gelaunt gewesen an dem Tag, unsere Erminia.

33

Aladins Grotte

Inzwischen wissen wir ja, dass in Daone Träume wahr werden können. Und das sogar schneller, als man denkt. Außerdem hatten ja diese Abenteurer die Frauen im vorigen Sommer in diese Grotte hineingehen sehen. Und ausgerechnet in jenen Tagen entdeckte man, dass sie niemand anderes als die berühmten Höhlenforscher waren, die zwanzig Jahre zuvor diese riesige Höhle entdeckt hatten. Ausgehend von einem Felsspalt in der Nähe des Lago di Casinei, auf zweitausendsechzig Metern Höhe, waren die Höhlenforscher in die Eingeweide der Erde herabgestiegen, wo sie eine wunderschöne Höhle entdeckten, die dreihundertfünfzig Meter tief und sieben Kilometer lang war, die sie, noch ohne zu wissen, was geschehen würde, »Aladins Grotte« tauften.

Und deshalb verwirklichte sich der Traum der Frauen in sieben Tagen statt in neunzig. Was wirklich ein Rekord war, quasi ein Guinness-Rekord der Träume.

»Wir haben das Gol erreicht, stimmt's, Alberto?«, fragte Armida, während sie zusammen mit dem Enkel und ihren Freundinnen auf der Terrasse des La Valle saß, immer ihr vollgestopftes Notizbuch im Blick.

»Signora Armida, mehr als das Goal, wir haben jede

Vorhersage übertroffen, die Leute lieben uns! Sie wollen einfach, dass ihr ans Meer fahrt«, antwortete Alberto so glücklich, dass seine Haare sich gleich noch ein wenig mehr lockten. »Nicht einmal ich kann es richtig fassen, wie viele Leute geschrieben haben und wie viel Geld zusammengekommen ist.«

NOTIZEN ZUM KRAUTFANDING UND ZU FAISS-BUCK von Armida Brisaghella

Neue Wörter:

Kommuniti, das heißt Gruppe.

Laik, bedeutet, dass es ihnen gefällt, dass wir ihnen gefallen.

Gol, heißt, dass wir das Ziel erreicht, das Ziel übertroffen haben. Wir haben richtig was geschafft, mehr noch. Mit dem Geld vom Gol kaufen wir die Geschenke, die wir noch machen müssen, und bezahlen einen größeren und bequemeren Bus für die Fahrt nach Kroatien, denn die Reise ist lang. Man braucht die ganze Nacht, und von dem Geld, das die Leute uns geschenkt haben, bekommen wir auch zurückklappbare Lehnen. Damit uns nicht alle Knochen wehtun, wenn wir ankommen. Wir können sogar zwei Personen mehr mitnehmen, wir müssen nur sehen, wen wir auswählen. Vielleicht eine Krankenschwester, so ist gleich jemand vor Ort, sollte etwas passieren.

Jetzt müssen wir mit einem Brief allen Menschen danken, die uns Geld gegeben haben, und die Postkarten aus Kroatien verschicken. Wir müssen rechtzeitig anfangen und schon mal Briefmarken kaufen. Und ein Geschenk für den Priester der Kirche auf der Insel Giuliano besorgen, wo wir hinfahren, um an der Prozession der kroatischen Madonna teilzunehmen.

Und während Armida ihr technologisches Notizbuch vervollständigte, rief Alberto: »Gleich sind wir so weit, Funne, wir leeren das Sparschwein aus.« Auf diese Einladung hin kamen auch Graziella und Valeria mit einer Flasche Latschenkiefern-Grappa, der Bürgermeister, der gerade am Restaurant vorbeigekommen war, Franco Ciccio, der auf dem Weg ins Feuerwehrhaus war, und Sonia, die gerade Mittagspause machte.

»Neun, acht, sieben, sechs, fünf, vier, drei, zwei, eins! Hurra, *Funne!* Ihr habt es geschafft! Ihr habt das Ziel erreicht und jegliche Voraussage übertroffen, und jetzt habt ihr das Geld, um nach Kroatien zu fahren! Hurra!«, rief Alberto vollkommen überdreht.

In Wirklichkeit brauchten die Frauen noch ein wenig Zeit, um zu verstehen, was da vor sich ging, weil sie doch nicht ganz so die Medien-Expertinnen geworden waren, wie sie es den Zeitungen immer erzählten. Also mussten sie sich noch einmal alles von Alberto erklären lassen, damit sie es am Ende verstanden. Es ist verbürgt, dass sich im La Valle niemand erinnern konnte, jemals eine solche Umarmung gesehen zu haben.

Nur auf Erminias Gesicht lag der Anflug eines Schattens. Sie stand auf, um ein wenig beiseite zu gehen und eine Zigarette zu rauchen. Sie war glücklich, ja, sie hatten bewiesen, dass sie alles konnten, aber eine gewisse Wehmut gemischt mit einem gewissen Missfallen bemächtigte sich ihrer Seele, weil sie diesen Augenblick lieber drüben im Club mit allen anderen zusammen erlebt hätte. Da war noch das Fest vor den Sommerferien zu organisieren. Aber sie würde sowieso feiern, ob mit den anderen oder ohne sie. Und vielleicht würde ja der ganze Radau doch die eine oder andere dazu bringen, in letzter Minute noch mit in den Bus zu springen.

JULI

34

Die Kostümprobe

Die folgenden Tage standen ganz im Zeichen der Vorbereitungen: Vorbereitungen für das Fest des »Rhododendron«, Vorbereitungen für die Reise und Vorbereitungen für all die Teams, die immer noch in großen Zahlen im Dorf anlandeten. Die Frauen konnten diese Besessenheit der Journalisten, die jeden ihrer Schritte verfolgen wollten, nicht mehr nachvollziehen. Viele bestanden sogar darauf, ihnen bis ans Meer zu folgen, hätten sich aber auch mit einer Standleitung zu der kroatischen Insel zufriedengegeben. Sie wollten unter allen Umständen alles mitbekommen. Sie wollten wissen, was die Frauen empfanden, wenn sie das Meer erblickten, es zum ersten Mal berührten, die Füße hineinsteckten und immer so weiter. Sie waren vollkommen irre, Opfer einer Obsession, und wollten versuchen, ihnen diesen schicksalsträchtigen Augenblick zu rauben. Eine deutsche Journalistin ging sogar so weit, sich in den Tagen vor der Abfahrt zu verstecken, etwas, das in Daone natürlich vollkommen unmöglich ist. Sie wurde sogar in der Kirche gesehen, wo sie mit einem verdächtigen Fotoapparat hinter einer Säule lauerte.

Diese Tage standen außerdem im Zeichen von Entscheidungen: über das Menü für das Fest, den DJ und die

Musikauswahl, über den Koffer, den Bus und den Zeitplan der Reise, das Hotel und den Badeanzug. Unschwer, sich auszumalen, dass gerade letztere Frage durchaus Probleme mit sich brachte, weil im Dorf und bis unten ins Tal herunter die Geschäfte für Badebekleidung nicht gerade dicht gesät waren. Man musste sich also einen ganzen Vormittag Zeit nehmen und bis nach Tione hinunterfahren, wo jeden Dienstag Markt war, wo auch Badeanzüge in starken Größen verkauft wurden, denn Armida, dank der Polenta, brauchte mit Sicherheit XXXL. Die drei Frauen hatten sowieso bereits dermaßen zur allgemeinen Unterhaltung beigetragen, dass sie, schelmisch, wie sie waren, beschlossen, sich alle den gleichen Badeanzug zu kaufen. Einen Einteiler in gedecktem Weiß mit einem hübschen dunkelbraunen Muster. So konnten sie tatsächlich wie die Sorelle Bandiera einheitlich gekleidet am Meer auftreten.

Valeria und Graziella hatten für das klassische Menü des La Valle votiert und richteten die Weinstube für den Nachmittag her, indem sie Platz für DJ Jury und die Cedrata-Flaschen schufen, denn Tanzen macht bekanntlich durstig. Eine Reihe Stühle an den Wänden des Saals entlang vervollständigte die Einrichtung, zusammen mit den vom Dorffest letzten Sommer (und vermutlich einigen mehr) übrig gebliebenen Wimpeln. Ja, es war schon beinahe ein Jahr seit dem Fest des heiligen San Bartolomeo und dem Kuchenverkauf vergangen. Die Mundpropagandamaschine war wieder angeworfen worden, die Einladung für die Vereinsmitglieder im Schaukasten unten am Club ausgehängt.

Die eingestaubten Koffer der Frauen, die seit Jahren im Keller ruhten, wurden auf Hochglanz gereinigt. Aufgeklappt auf dem Bett liegend begannen sie sich zu füllen mit allem, was für die Reise nötig war: ein Set mit Produkten fürs Meer, der neue Badeanzug, die Schlappen für den Strand, aber vor allem das gute Festtagskleid, denn es verging nicht eine Nacht vor der Abreise, in der die Frauen nicht darüber nachdachten, dass sie beim Fest der Madonna della Neve tanzen wollten, der Madonna, die sie da auf dieser Insel erwartete, von der niemand wusste, wo genau sie lag. Auf jeden Fall irgendwo da unten und im Meer. Das Festtagskleid, mit den dazu passenden Schuhen, die man zur Hochzeit der Kinder vor langer Zeit getragen hatte. Dann eine »Settimana Enigmistica«, ein Sonnenhütchen, weil Armida darauf bestanden hatte, denn sie hatte so helle Haut, dass sie schon aussah wie Porzellan. Die Haut dieser Frauen, die bisher nur von der harschen Bergsonne berührt worden war, auf dem Acker beim Ausgraben der Kartoffeln, würde jetzt vom warmen Wind einer Insel liebkost werden, wie sie bei den Vorbereitungen für die Kalenderfotos vom Puder berührt worden waren, und auch das hatten sie sich nie im Leben träumen lassen können. Aber die Sonne am Meer brennt auch, und deshalb hatten sie sich alle eine Sonnencreme mit Lichtschutzfaktor 100 gegen Sonnenbrand besorgt, denn das fehlte gerade noch, dass sie so rot wie Amalias Hühner nach Hause zurückkamen. Erminia wurde zu Hause murrend von ihrem Mann beobachtet, wie sie in einem häuslichen Ringelreihen auf und ab lief. Er verstand nicht, wieso seine Frau unbedingt auch das Festtagskleid mitschleppen musste, und es war nur ein Glück, dass es ihr gelungen war, die schwarze, mit Pailletten bestickte Bluse ungesehen ganz unten im Koffer zu verstecken.

Der Tag des Festes kam, nur wenige Tage vor dem Tag der Abreise, und noch immer stand nicht fest, wie viele Frauen die lange Reise unternehmen würden. Zur Sicherheit war jedoch der größte Bus bestellt worden, der von Carroli aus Bondo, denn das war wirklich ein hübscher Bursche von einem Busfahrer, jung und blond, und sie wollten für ihren Ausflug eine sympathische Begleitung haben. Mit dem Reisebüro des Vaters von Luca A. aus Daone, einem Unsympathen erster Güte, waren sie in Streit geraten, weshalb sie sich an die Agenzia Valentini gewandt hatten, denn denen konnte man vertrauen. Das waren wirklich nette Leute, und Lotti hatte für sie ein Hotel mit Restaurant direkt am Meer gefunden, mit Vollpension und einer Speisekarte mit viel Fisch, sodass sie es kaum noch erwarten konnten. Für jede ein Einzelzimmer, denn sie wollten gern einmal im Leben ein Einzelzimmer mit Blick aufs Meer und Fön inklusive haben (aber alle Zimmer lagen nebeneinander, denn man kann ja nie wissen). Das Hotel hatte ihnen wirklich einen guten Preis angeboten, auch weil ihre Geschichte inzwischen bis nach da unten gedrungen war und die Insel sich jetzt schon auf sie freute. Zum Mitbringen mussten sie auch noch einen Präsentkorb mit lokalen Spezialitäten vorbereiten und ein Büchlein über die Geschichte der Kirche von San Bartolomeo, falls sie auf irgendeinen örtlichen Würdenträger trafen. Sie fragten auch den Bürgermeister, ob er sich nicht zu ihrer Reisegruppe gesellen wollte, aber der hatte noch so viele Leute zu grüßen, und angesichts all der Truppen, die immer noch kontinuierlich ins Dorf strömten, und der bevorstehenden Wahlen war ihm wirklich nicht danach, einfach wegzufahren. Aber wen sie stattdessen auf jeden Fall einladen würden, das wussten die Frauen, denn er war jünger und um Längen besser als der Bürgermeister: Jolandas hübschen Dottore.

Und der Dottore kam tatsächlich, hübsch wie die Sonne, am Tag des Festes ins La Valle. Er kam zum Nachtisch und zum Kaffee, als alle schon dabei waren, zum Tanz nach unten zu gehen. Es gab einen kurzen Wortwechsel mit den drei schelmischen Frauen, aber das genügte. Die anderen Frauen saßen um die Tanzfläche herum auf den Stühlen und warteten, wie man es früher so machte, darauf, dass ihr Kavalier sie aufforderte. Aber, ach, es gab nur wenig Kavaliere auf diesem Fest, und die paar, die es gab, waren auch über achtzig. Die Frauen selbst waren ja keine jungen Mädchen mehr, aber mit dem Spazierstock in der Hand und den orthopädischen Schuhen folgten sie Jurys schmissigen Rhythmen, der immer zwischen Tanzmusik, Salsa oder Merengue und Schlagern vom Meer abwechselte. Die Ankunft des Dottore wurde mit einem Lichtkegel angekündigt, der die dunkle Weinstube erhellte mit ihren rotsamtenen Sofas, die nach Wein und Bier rochen und von Tanzböden und zu viel Teroldego sprachen.

Er erschien nicht nur als Kavalier, sondern wie ein richtiger Prinz, fast ein Kabir Bedi aus *Sandokan*, als er auf die wartenden Frauen zukam. Er forderte einige zum Tanzen auf, und der Saal belebte sich ein wenig, vor allem dank der drei schelmischen Frauen, die, von einer unbeherrschbaren Begeisterung erfasst, anfingen, allein zu tanzen, sich im Takt der karibischen Melodien und der Stücke von Vasco Rossi zu wiegen. Die Blicke der anderen Frauen, die sie beobachteten, schwankten zwischen Mitleid und Neid. Zwischen sündig und fröhlich. *Ringel, ringel Reihe, wir sind der Kinder dreie, sitzen unterm Hollerbusch, machen alle husch, husch, husch!*

Sie tanzten, während andere der Tanzlust widerstanden, der Versuchung, fast, als sei es Sünde, sich derart gehen zu lassen. Sich zu drehen. Herausfordernde Blicke und Purzelbäume. Weil Erminia und Jolanda sich irgendwann zu viel gedreht hatten und sie in diesem Ringelreihen zu Boden gingen. Sie standen jedoch wieder auf, um zu verkünden, dass ihr Kavalier sie ans Meer begleiten würde. Der hübsche Dottore, der auch ein überaus sympathischer Kerl und einfühlsamer Mensch war, nutzte eine technisch bedingte Pause, um den Frauen die gesundheitlichen Vorteile eines Urlaubs am Meer in allen Einzelheiten zu schildern. Daraufhin bestand jede von ihnen darauf, ihn detailliert über ihren Gesundheitszustand zu informieren, so detailliert, dass der Dottore zum Auto zurückging, um sein Rezeptbuch zu holen, und anfing, alles aufzuschreiben. Die Frauen beobachteten ihn in fasziniertem Schweigen. Das dann durch eine Attacke von Vasco Rossis *Delusa* gebrochen wurde. Und alles ging wieder von vorne los.

Sicher war, dass Erminia, Armida und Jolanda fahren würden. Sie würden fahren, mit oder ohne Arzt, mit oder ohne Geld, mit oder ohne den schönen Reisebus von Carroli. Sie würden fahren für diesen Traum, der ihr Leben geworden war und den sie sich erfüllen wollten, mit oder ohne die anderen. Berauscht und glücklicher denn je verließen sie das Fest, das La Valle, wo sie die deutsche Journalistin mit einem riesigen Blumenstrauß erwartete, die beschlossen hatte, ihre letzte Karte auszuspielen, um doch noch mit ans Meer zu kommen.

»Nein, danke«, beschied Jolanda ihr in aller Seelenruhe, denn Erminia hätte ihr glatt den Kopf abgerissen. »Das ist unser Traum, und wir wollen das Meer allein für uns sehen.«

AUGUST

35

Zwei Inseln

»Um Mitternacht. In der Kurve vor dem Hotel Eden. Von da fahren wir ab. Erminia.«

Das war die SMS, die Erminia in Absprache mit dem Busfahrer wenige Stunden vor der Abfahrt an all ihre Frauen geschickt hatte, weil diese ausländische Journalistin sich immer noch im Dorf herumtrieb und es ihnen gerade noch fehlte, dass sie ihnen mit ihrem Fotoapparat auflauerte. »Man kann nie wissen«, dachte Erminia, »wir wechseln einfach noch mal den Treffpunkt, dann wollen wir doch mal sehen, ob die uns findet, wir sind ja schließlich auch nicht auf den Kopf gefallen, was?«

Und ungefähr um Mitternacht an jenem vierten August, an der Kurve beim Hotel Eden, machte sich eine Gruppe Frauen auf, um ein in den Bergen verstecktes Dörfchen zu verlassen und gemeinsam wegzufahren, um das Meer zu sehen. Sie brachen im Schutz der Dunkelheit beinahe heimlich auf, um nicht gesehen zu werden, beinahe auf Zehenspitzen, um keinen Laut von sich zu geben, schweigend, um niemanden aufzuwecken, erleuchtet nur von der Straßenlampe in der Kurve, sodass die eine oder andere wegen der Dunkelheit beinahe noch gestolpert und gefallen wäre. Ihre Koffer waren so riesig, dass es aussah, als wollten sie monatelang verreisen oder überhaupt nicht mehr zurückkommen.

Niemand aus dem Dorf war da, um ihnen nachzuwinken. Aber das kam vielleicht auch daher, weil sie im letzten Moment den Abfahrtsort geändert hatten. Nur der Bürgermeister kam kurz vorbei, um sie zu grüßen, denn eine Gelegenheit, um jemanden zu grüßen, ließ er sich wirklich nie entgehen. Carletto, der mit Carroli befreundet war, kam im letzten Augenblick mit der Ape und quietschenden Reifen. Aus irgendeinem Grund hatte er beschlossen, den Frauen die Statue ihrer Madonna mitzugeben, die sie beschützt und ihnen geholfen hatte, ihren Traum zu verwirklichen. Weshalb sie es sich auch verdient hatte, zu einer Pilgerreise ans Meer zu fahren und ihr marines Alter Ego kennenzulernen.

Um 0:48 Uhr verließen die Frauen schließlich Daone. Mit leuchtenden Augen, die das Dunkel der Nacht hätten erhellen können, eine leichte Baumwolldecke gegen die kalte Zugluft aus der Klimaanlage, ein Beutelchen mit Reiseproviant und einem so lauten Herzklopfen, dass man es hören konnte, das Geräusch ihrer Herzen.

Erminias Tasche fürs Meer enthielt neben den Zigaretten und einem Fotoapparat auch heimlich noch ein Stück Polenta. Weil, wie die Präsidentin immer wieder sagte, man ja im Leben nie wissen kann.

Die Frauen bekamen fast kein Auge zu auf der langen Reise. Zu aufgewühlt, zu aufgeregt, hörten sie über Stunden gar nicht mehr auf zu reden und zu lachen, aber zumindest riskierte der arme Carroli auf diese Weise nicht einzuschlafen. Nach dem Reden kam ein kleiner Imbiss und dann die Pinkelpause in diesem Rasthof an der Autobahn, in dem man sich noch Jahre später an die netten achtzigjährigen Mädels erinnern würde, die auf der Reise ans Meer waren. Dann kam die Zeit der Lieder, die ein weites Spektrum an Genres und Jahren abdeckten, von Bergchören über Gianni bis hin zum obligatorischen, klassischen *Sapore di sale*.

Als sie erschöpft aufhörten zu reden und zu singen, erschien das Meer am Horizont. Ein Jammer, dass sie da gerade eingeschlafen waren. Und es folglich gar nicht mitbekamen.

Die Morgenröte zog herauf, und auf der Insel Ugljan in Kroatien ging eine Gruppe ein wenig jüngerer Frauen in lockerer Reihe auf einem unbefestigten Pfad, und die weißen Baumwollröcke schwangen in der morgendlichen Brise. In ihrem Rücken stieg die rosafarbene Sonne langsam, ganz langsam aus dem Meer. Es war beinahe, als sagte sie »Guten Morgen« zu ihnen. Zu ihnen allen, auch denen im Bus.

In dem stillen Bus, der schaukelte wie die kleinen Wellen des Meeres, begann die eine oder andere Frau, sich die Augen zu reiben. In einem magischen, von der Sonne geküssten Kirchlein aus weißem Stein, in einem versteckten Winkel der Insel, schmückten Frauen mit gebräunter Haut die Statue einer Madonna della Neve mit Gold, die sie gerührt anschaute. Es sah beinahe aus, als spräche sie zu ihnen.

Der Duft weißer Lilien und der Pinien auf der Insel. Der Duft nach Kiefern und Polenta im Bus, der von einer anderen Insel kam, der zwischen den Wäldern. Eine, zwei, drei Kurven, und schon sagte eine mit verschlafener Stimme oder im Traum: »Leute, guckt mal, das Meer.«

Ein altes Lied von Frauen in einer unbekannten Sprache erhob sich in die Luft und wurde, vom Wind getragen, bis durch die offenen Fenster des Reisebusses geweht. Ein süßes Lied, das sie fast so sanft weckte wie der Gutenmorgengruß einer Mutter.

Und die Frauen schlugen die Augen auf. Da erschien es. Ganz plötzlich. Innerhalb eines Wimpernschlages. Am Horizont. Eine große, unendliche Weite aus blauem Wasser. Sie konnten den warmen, nach Blumen duftenden Wind spüren, wie er ihnen übers Gesicht strich wie damals der Puder, als sie zum ersten Mal geschminkt worden waren. Die eine oder andere begann sogar zu zittern, als sie das Meer sah. Aber nur kurz. Es war blau, das Meer. Wie der Himmel über dem Tal ihres Dorfes, da oben in den Bergen. Und rosa war die Spiegelung der Sonne darin, wie an Sommermorgenden auf den Felswänden.

Eine Stille legte sich über den Reisebus, die nach Wellen duftete und nach der Musik einer alten, in den Tiefen versteckten Meeresorgel.

Dann jedoch bremste der Bus abrupt, weil Carroli, der ein netter und einfühlsamer Mann war, seine Funne direkt an den Strand hatte fahren wollen. Und diese Bergreifen bremsten auf Sand nicht besonders gut.

Mit glänzenden Augen stiegen die Frauen aus, um zum ersten Mal ihr Meer zu sehen, mit gebannten Blicken und der vibrierenden Vorfreude des ersten Stelldicheins.

Unsichere und ängstliche Füße berührten die Erde und versanken im weichen, weißen Sand eines Winkels der

Küste. Die Frauen zogen die Schuhe aus, hielten einander fest bei den Händen, um nicht zu fallen, und einige von ihnen gingen zum ersten Mal im Leben barfuß durch warmen Sand.

Sie hielten sich fest bei den Händen, um nicht zu fallen. Raue Hände, gezeichnet von der Zeit und der Arbeit, die sich zu einer liebevollen Umarmung trafen, mit dem Rücken zur Welt, der Sonne und dem Meer zugewandt. Jolanda legte den Kopf auf Armidas Schulter, die lächelte. Erminia drückte sie an sich, diese beiden Freundinnen, weich und voller Rührung, die nicht einmal sie in diesem Augenblick leugnen konnte. Schweigend, alle zusammen, betrachteten sie mit einem tiefen Seufzer das Meer. Aber Stückchen für Stückchen, denn wenn man sich das alles auf einmal ansah, konnte einem leicht schwindelig werden. Denn die Berge, in denen sie geboren und aufgewachsen waren, gaben Sicherheit und Schutz, das Meer nicht, das Meer war frei und unendlich.

»Madonna, da möchte man sich am liebsten gleich direkt hineinwerfen, na los, Leute, rein ins Wasser«, durchbrach Erminia wie üblich die Poesie des Augenblicks.

Also krempelten sie die Hosenbeine hoch, verschafften ihren milchfarbenen Waden, die so selten die Sonne gesehen hatten, etwas Luft, nahmen sich noch fester an den Händen und tauchten, eine nach der anderen und dann alle zusammen, die Füße ins Meer, in ihren Traum.

»Ahhh, wie kalt!«

»Ahhh, wie herrlich!«

»Ahhh, die Steine, wie das wehtut!«

Denn in Kroatien, das hatten die Frauen nicht gewusst,

bestehen fast alle Strände aus Kieseln. Weißen Kieseln, zum Glück, aber so harten, dass man sich barfuß weh daran tut, und vor allem leicht hinfällt. Zum Glück wachte wenige Schritte (und Steine) hinter ihnen gerührt und ein wenig besorgt Jolandas junger, gut aussehender Arzt über sie und die Frisörin Sonia, die ihnen in diesen Tagen jeden Tag die Haare würde legen können. Denn am Meer, mit dem ganzen Salz, bleichen die Haare bekanntlich aus und werden trocken.

Bedauerlicherweise waren einige Plätze im Reisebus leer geblieben. Ja, weil am Ende doch nicht alle Frauen, die im Kalender waren, die Kraft aufgebracht hatten, mit ans Meer zu kommen. Die einen wegen der Gesundheit, andere aus Angst, andere aus Gewohnheit und manche vielleicht auch, weil, obwohl sie es noch nie gesehen hatten, das Meer ihnen am Ende vielleicht doch nicht so wichtig war.

»Vielleicht ein anderes Mal. Man kann halt nicht erwarten, dass alle immer einer Meinung sind«, sagte Erminia zu ihren beiden Freundinnen. »Wir erzählen ihnen vom Meer, wenn wir zurückkommen. Und bringen ihnen eine Flasche mit Sand oder Meerwasser mit.«

»Aber können wir vielleicht noch ein Selfie für Alberto machen, damit er es ins Faissbuck tun kann, und als Dankeschön für alle, die uns dabei geholfen haben, ans Meer zu kommen, könnten wir das noch machen, Erminia?«, fragte Armida schüchtern.

Erminia verschlug es zum ersten Mal im Leben die Sprache. Und was sollte sie auch sagen angesichts einer Armida, die ihr mit ihrem neuen Handy, voller Stolz und mit einem breiten Lächeln, vorschlug, ein Selfie vor dem Meer zu machen? Hatte Alberto ihr etwa Privatunterricht gegeben? Und so schoss Armida das dreizehnte Foto des Kalenders der Träume. Auch wenn keine von ihnen im Bikini war.

Zu beschreiben, was sie empfanden, als sie das Meer sahen und berührten, ist unmöglich. Denn, das ist bekannt, und darüber sind sich auch auf Ugljan alle einig, diese Momente im Leben sind einfach unbeschreiblich und dauern nur einen Augenblick, sind so flüchtig, dass man sie kaum festhalten kann. Während hingegen die Reise an dieses Meer ein Jahr lang gewesen war. Genau ein Jahr. Eine von jenen echten Reisen. Jede Frau in diesem Meer sah und fühlte etwas Eigenes, etwas Großes, etwas Gewaltiges oder auch etwas Kleines, Winziges. In jenem so ganz besonderen Moment hörte, sah und fühlte jede von ihnen ihren eigenen Duft, ihren eigenen Traum, ihr eigenes Meer.

Epilog

Es war einmal eine Gruppe Frauen, die davon träumten, das Meer zu sehen. Und sie sahen es zum ersten Mal, während die maritime Madonna della Neve in einem Boot vorbeifuhr, rund um die Insel Ugljan in Kroatien, deren Namen keine von ihnen aussprechen konnte, weshalb sie sie einfach Insel Giuliano nannten.

Auch sie stiegen, zusammen mit der Statue ihrer Madonna della Neve, auf das Schiff der maritimen Madonna della Neve und eines sympathischen kroatischen Bischofs, der sie ein bisschen an Pater Artemio erinnerte. Sie sangen sogar zusammen mit den anderen Frauen, deren Sprache sie nicht verstanden, ein Lied, ein Lied, das die Luft mit einem neuen Duft erfüllte, der an die Gesänge der Sirenen erinnerte. Und diese Melodie drang schließlich bis zu den Frauen hoch oben in dem kleinen Bergdörfchen vor, zu jenen Frauen, die es nicht geschafft hatten, ans Meer zu kommen und die im selben Moment in der Prozession der Feier der Madonna della Neve mitgingen. Allerdings ohne die Madonna, denn die war ja in die Ferien ans Meer gefahren. Weshalb zum ersten Mal in der Geschichte Daones die Prozession ohne Statue der Madonna stattfand, die allerdings durch die Statue von San Bartolomeo vertreten wurde, was Carletto und auch den Heiligen sehr glücklich machte.

Es gab Leute, die schworen, an jenem 5. August in Daone und auf der Insel Ugljan ein paar Schneeflocken fallen gesehen zu haben, weil sich die Madonna in dieser Geschichte nun wirklich über die Maßen engagiert hatte.

Director's Cut

Die Szene, die ich so gern gedreht hätte[1]

Letzte Szene. Kirchplatz vor der Kirche von Daone. Tag.

Halbtotale eines großen Schaufelbaggers, der eine Schaufel Sand auf der Piazza ablädt.

Warmes Licht, das nach Zitroneneis oder vielleicht Limonade duftet.

Leise Musik aus dem Hintergrund. Gespannte Atmosphäre, märchenhaft.

Totale auf den Dorfplatz von Daone, wo sich ein Vorhang auf den Kirchplatz öffnet, der an diesem Tag wie durch ein Wunder mit weißem Strandsand bedeckt ist.

Kamerafahrt auf neun achtzigjährige Frauen, die, unter bunten Sonnenschirmen auf weißen Strandliegen, Cedrata

---

1 Aus finanziellen und logistischen Gründen, weil öffentlicher, geweihter Boden besetzt worden wäre, sah sich die Autorin gezwungen, darauf zu verzichten, diese Szene zu drehen. Aber sie ist so schön, dass sie schwört, sie eines Tages doch noch zu drehen.

trinken und in das unendliche Blau des Himmels blicken, das zwischen zwei Berggipfeln zu sehen ist.

Glockenläuten. Nahaufnahme von Pater Artemio und Carletto vor der Kirche. Verblüffung.

Nahaufnahmen auf einige Einwohner Daones, die misstrauisch und neugierig aus dem Fenster sehen, was da vor sich geht.

Halbtotale auf den Bürgermeister, der auf den Platz gelaufen kommt, um zu sehen, was da vor sich geht und vielleicht, ob es jemanden zu grüßen gibt.

Totale der Piazza mit den neun schweigenden Frauen, die auf etwas warten …

Nahaufnahmen auf diverse Wannen, die auf dem Sand vor den Liegen bereitstehen.

Anschwellende Musik.

Erminia, Jolanda und Armida betreten die Szene.

Erminia holt etwas aus ihrer Tasche, eine Flasche, und fängt an, Wasser in die Wanne einer Frau zu gießen. Dann tut sie das auch bei den anderen.

Detailaufnahmen der verschiedenen Gläser und Fläschchen mit Wasser, die am Fuß der Sonnenschirme stehen.

Totale auf die Piazza und die Frauen, die beinahe gleichzeitig die Füße ins Wasser stecken, sich schweigend ansehen und dann mit einem tiefen Seufzer die Augen schließen.

Detailaufnahme eines Fußes in einer Wanne voller Meerwasser.

Schweigen und Musik.

Und zu den Tönen des Leitmotivs der *Funne* ein Kommentar aus dem Off: »Weil Träume bekanntlich kein Alter haben, aber die Mädels von Daone allmählich schon ein gewisses, und auch sie wenigstens einmal im Leben sich das Recht erobert hatten, einen ihrer Träume zu verwirklichen oder wenigstens einmal den Fuß hineinzutauchen, hatten die drei *Sorelle Bandiera* ein klein wenig geweihtes Wasser aus dem Meer mitgebracht.«

GEBRAUCHS-
ANWEISUNGEN

Gebrauchsanweisung Nr. 1

Anweisung für die perfekte Realisation eines
Apfelkuchens
von Jolanda Pellizzari

Damit ein Apfelkuchen wirklich gut gelingt, braucht man zunächst einmal Äpfel, und zwar gute. Am besten Renette, die sind mürber und schön süß.

Dann braucht ihr Zucker, Backpulver, Mehl, Eier und Marmelade. Auch die Marmelade muss eine von den guten sein, vielleicht hausgemacht. Ich nehme meine, die ich aus den Aprikosen von meinem Baum koche. Stellt alle Zutaten auf den Küchentisch und nehmt euch eine halbe Stunde Zeit, um den Teig zu rühren. Ah, vergessen, ein bisschen Zimt braucht man auch.

Zutaten
4 Äpfel (Renette)
70 g Zucker
300 g Mehl
1 Tütchen Backpulver
70 g Butter
3 Eier
Zimt, nach Geschmack
Hausgemachte Marmelade (am besten Aprikosen)

Backofen auf 180 (ohne Umluft)
Zahnstocher

Jetzt fangen wir mit dem Rezept an. Dieses Rezept hat mir meine Großmutter Gina beigebracht, die so gut Kuchen backen konnte wie sonst kaum jemand, ihre Kuchen waren immer locker und hoch. Fangen wir an. Nehmt euch eine schöne große Schüssel, in der ihr die Eigelbe mit dem Zucker schaumig rührt, bis sie schön cremig sind. Dann die Eiweiße zu Eischnee schlagen und ganz vorsichtig unter die Eier und den Zucker heben.

Dann das Mehl dazugeben, ein bisschen warme Milch und die weiche Butter. Alles gut miteinander mischen und aufpassen, dass es keine Klümpchen gibt, sonst hat man hinterher im Kuchen Teig, der nicht gar geworden ist.

Bei uns heißt es, man soll den Teig rühren, bis man Blasen an den Händen kriegt, vielleicht haben wir Frauen deshalb alle so kräftige Arme, weil wir immer den Teig für die Kuchen rühren. Zum Umrühren nehme ich Holzlöffel, die Armida mir gegeben hat, nachdem sie aus dem Fernsehen erfahren hat, dass das die besten sind.

Nachdem alles gut gemischt ist, geben wir den Teig vorsichtig in eine Springform, circa 24 Zentimeter. Aber vorher müssen wir die Form noch mit einem guten Stück Butter fetten und mit Semmelbröseln bemehlen, damit nichts anhängt. Nachdem die erste Schicht Teig eingefüllt ist, legen wir die Apfelschnitze fächerförmig hinein. Die Äpfel haben wir natürlich vorher entkernt und in Schnitze geschnitten, die aussehen wie Apfelsinenschnitze. Danach haben wir sie in Zimt und Zucker gewälzt und mit Zitronensaft beträufelt, damit sie nicht braun werden. Ich weiß nicht, warum, aber ich vertue mich immer mit der Menge der Äpfel. Am Ende habe ich immer ein paar Schnitze übrig, aber die sind dermaßen gut, dass man sie auch so essen kann, die Renette, die mich immer daran erinnern, wie ich noch ein kleines Mädchen auf dem Land war und meine Großmutter Gina sie für uns als Zwischenmahlzeit entkernt und in Schnitze geschnitten hat, einen für jeden Enkel. Nachdem die erste Teigschicht mit den Äpfeln so belegt ist, dass sie aussehen wie Blütenblätter, kommt eine Schicht guter Marmelade darauf, die die geheime Zutat von Oma Gina war. Andere Großmütter haben Rosinen dazu getan, aber es gab auch welche, die gar nichts dazu taten. Auf die Äpfel und die Marmelade kommt die zweite Schicht Teig. Nachdem die zweite Schicht auch mit Äpfeln garniert ist, können wir den Kuchen in den auf 180 Grad vorgeheizten Ofen stellen, Ober- und Unterhitze, für 40 Minuten. Wenn ihr einen Umluftofen habt, weiß ich die Temperatur nicht. Während ich darauf warte, dass der Kuchen fertig wird, setze ich mir einen Caffè auf und schaue hier in der Küche ein bisschen Fernsehen oder arbeite die »Settimana Enigmistica« durch. Oma Gina hat mir beigebracht, dass man, um zu wissen, ob der Kuchen gar ist, einen Zahnstocher hineinstecken muss, und zwar, wenn der Kuchen noch im Ofen ist, wenn roher Teig daran hängen bleibt, ist der Kuchen noch nicht gar oder nicht richtig aufgegangen.

Oh mein Gott, das Backpulver! Das dürft ihr natürlich nicht vergessen! Sonst müsst ihr alles noch mal machen! Ob ich es wegen der Aufregung vergessen habe?

Zu lesen zu dem Lied El Negro Zumbon *von Armando Trova-joli, gesungen von Anna Magnani.*

Gebrauchsanweisung Nr. 2

Anleitung zu einem perfekten Rosenkranz
von Armida Brisaghella

Vorrede: Die heutigen Generationen wissen überhaupt nicht mehr, wie man einen Rosenkranz richtig betet. Es müsste eine Anleitung dafür geben, eine Gebrauchsanweisung, wie sie bei den Medikamenten dabei ist, die mit dem Rosenkranz zusammen verkauft wird. Einen Beipackzettel zum Rosenkranz.

Also, das sind die Anweisungen, wie man einen Rosenkranz korrekt rezitiert, und man fängt immer damit an, dass man sich bekreuzigt, dann sagt man das erste Geheimnis. Die Geheimnisse haben drei Definitionen. Es gibt schmerzliche Geheimnisse, freudenreiche Geheimnisse und … da gibt es noch einen anderen Namen, es sind drei, aber der fällt mir gerade nicht ein. Man fängt mit dem Vaterunser an, dann die erste Staffel aus zehn Ave Maria, dann das Gloria; das zweite Geheimnis, ein Vaterunser, die zehn Ave Maria, das Gloria; das dritte Geheimnis, das Vaterunser, die zehn Ave Maria, das Gloria; das vierte Geheimnis, das Vaterunser, die zehn Ave Maria, das Gloria; das fünfte Geheimnis, das Vaterunser, die zehn Ave Maria, das Gloria und man beendet mit dem Salve Regina, um nicht die Litaneien aufsagen zu müssen. Hin und wieder kann man auch die Litaneien aufsagen, wenn man genug Zeit hat, denn die Litaneien sind ein bisschen lang.

Mir hat meine Mamma den Rosenkranz beigebracht. Weil meine Mamma ihn uns schon als Kinder hat aufsagen lassen, so klein waren wir da, und jeden Abend mussten wir ihn beantworten und … gehorchen, immer! Und so lernt man den Rosenkranz dann auch. Jetzt bete ich ihn gern Montagmorgens, wenn Don Bruno nicht unterwegs ist, weil der immer ein bisschen viel unterwegs ist, der Don Bruno. Aber wenn der da ist und am Montagmorgen die Messe liest, dann gehe ich früh um acht und fange sehr oft mit ihm den Rosenkranz an. Und dann sage ich ihn auf, denn ich habe eine durchdringende Stimme, nicht so eine jämmerliche, also deshalb.

Zu lesen unter dem Läuten der Glocken (vorzugsweise von Don Bruno, falls er da ist).

Gebrauchsanweisung Nr. 3

Anleitung zu einer perfekt gelegten Frisur
von Jolanda Pellizzari

(In Zusammenarbeit mit dem Damensalon von Sonia
Migliorati, Via San Bartolomeo 40 – Daone)

Dies sind die Ratschläge für eine gut gelegte Frisur: Um
eine gut gelegte Frisur zu erhalten, gibt es zwei Möglich-
keiten. Ich mache es mit dem Fön, weil ich kurze Haare
habe. Man kann sie aber auch mit Lockenwicklern machen,
wenn man lange Haare hat.

Was gibt es noch zu sagen? Also, ich nehme Haarfestiger,
wenn ich mir die Haare lege, dann hält die Frisur ein bisschen besser. Dann gibt es folgende Regeln, damit sie gut
hält: kein Wasser auf die Haare und keine Feuchtigkeit.

Wenn die Haare unter der Haube getrocknet sind,
kämmt die Frisörin sie, und dann nimmt man Haarspray,
um die Haare zu fixieren, so hält es länger, auch wenn es
mal ein bisschen Luft oder Wind geben sollte, bleiben die
Haare immer schön beieinander.

Es wäre gut, sich alle vierzehn Tage die Frisur legen zu
lassen, wenn man die Haare ein bisschen ordentlich haben
will und will, dass sie immer ordentlich gelegt sind. Aber
das hängt auch von der Hinterbliebenenrente ab, wenn ihr

die bekommt, oder ob irgendwelche galanten Stelldicheins geplant sind.

Zu lesen zum Lied Kiss *von Prince.*

Gebrauchsanweisung Nr. 4

Anweisung für die gute Leitung eines Seniorenclubs
von Erminia Losa

Aber lass uns schnell machen, so viel Zeit habe ich nicht. Um einen Seniorenclub gut zu leiten, braucht man zunächst einmal Senioren. Dann sehr viel Geduld, weil, das ist bekannt, es ab einem gewissen Alter manchmal eher den Anschein hat, man hätte es mit Kindergartenkindern zu tun. Dann müssen die Senioren natürlich auch Lust dazu haben, Bingo zu spielen oder Karten. Briscola, Poker oder Karo-Sieben. Aber sie müssen auch Lust haben, sich mit den anderen Menschen zu unterhalten, die Senioren. Denn viele haben ab einem bestimmten Alter keine Lust mehr, überhaupt noch etwas zu sagen. Außerdem ist es fundamental, einen guten Akkordeonspieler zu finden, das ist vielleicht sogar das Wichtigste. Denn wenn man da nicht den richtigen findet, dann funktionieren die Nachmittage mit Tanz nicht. Zumindest einen, der ein gutes Repertoire an Stücken für klassischen Gesellschaftstanz hat. Ebenfalls fundamental ist es, ein gutes Restaurant in erreichbarer Nähe zu haben, wohin man die Senioren zum Essen ausführen kann. Denn übers Essen meckern die immer. Übers Essen, über die Zeiten und über die Preise. Man muss auch wissen, wie man Ausflüge organisiert und wie man ein bisschen Geld dafür zusammenbekommt. Aber auch für den Akkordeonspieler. Deshalb ist es besser, wenn er der Sohn eines Clubmitglieds ist, dann macht er es umsonst.

Eine letzte Empfehlung: Haltet immer eine gute Dosis Beruhigungsmittel bereit, einen Defibrillator und die Nummer des ärztlichen Notdienstes. Leider werden es jedes Jahr weniger Senioren im Verein. Es gibt viel Wechsel. Deshalb muss man ständig nach neuen Mitgliedern suchen. Aber das sagt ihr bitte niemandem weiter, vor allem nicht denen von der staatlichen Sozialversicherung.

Zu lesen zu Fiorellin del prato, *gesungen von Claudio Villa.*

Gebrauchsanweisung Nr. 5

Anleitung für ein erfolgreiches *Crowdfunding*
von Erminia Losa

Vor allem braucht man einen Enkel. Vorzugsweise einen gut aussehenden. Der was vom Internet versteht. Steckt eine ordentliche Portion Unverfrorenheit und reichlich guten Willen in das Projekt. Und dann macht ihr ein Video mit dem Handy und ein paar »Selfies«. Danach nehmt ihr den Traum und schmeißt das Ganze in dieses Internet. Gut umrühren und eine Woche warten. In der Zwischenzeit geht ihr zum Frisör und bereitet ein paar Postkarten mit Briefmarken vor, für den Fall, dass ihr denen aus dem Internet antworten müsst. Denen vom »Kroafanding« – meine Güte, wie spricht man dieses Wort nun wieder aus? – also, denen von der Kollekte. Wartet noch einen Tag und trinkt in der Zwischenzeit eine Limonade hier im La Valle, und dann, also das hängt allerdings von dem gut aussehenden Enkel ab, ruft vielleicht spätestens am Dienstag Radio Vatikan oder Maurizio Costanzo vom Fernsehen an. Aus ganz Italien haben sie uns geschrieben, nur Gianni Morandi nicht, der nicht. Das haben wir ihm schon ein bisschen übel genommen.

Zu lesen zu Uno su mille ce la fa *von Gianni Morandi.*

Gebrauchsanweisung Nr. 6

Anleitung zur Verwirklichung der eigenen Träume
von Katia Bernardi

Nehmt einen Koffer, auch gern einen von diesen alten aus Pappe. Ja, die sind eigentlich sogar besser, die halten länger.

Legt einen Gegenstand hinein, von dem ihr euch nicht trennen könnt, euer Lieblingsessen und ein Foto von dem Menschen, den ihr am liebsten bei euch hättet.

Dazu tut ihr ein gutes Buch, ein Schreibheft mit karierten Seiten, wie die, die man in der Grundschule hatte, und einen gespitzten Bleistift. Ein kleines Transistorradio, eine kleine Statue der Madonna und das hübscheste Kleid, das ihr habt, das, in dem ihr euch auf Festen immer am schönsten fühlt.

Wir haben es fast geschafft. Ah, zu dem Kleid braucht man auch einen Badeanzug. Einen Bikini, einen knapp sitzenden, aber nicht zu übertrieben.

Und dann legt ihr euren Traum in den Koffer, nur einen. Der, an den ihr jahrelang beim Einschlafen gedacht habt, der euch jahrelang unter den Wolldecken hat wach liegen lassen. Der, den ihr mit offenen Augen geträumt habt, während ihr leichtfüßig in starken Armen unter dem Mondlicht tanztet.

Legt den Traum hinein, einen einzigen, diesen.

Nehmt den Koffer und brecht auf. Aber dreht euch nicht um. Niemals.

Dieses Mal geht es nach Süden, ins Warme, ans Meer.

Ich bin auch in Richtung der Liebe gereist, zusammen mit meiner kleinen Perle mit den goldenen Locken. Denn die Liebe kommt immer vom Meer her, mit der Wärme. Meine hatte sogar einen Namen. Er hieß Sandokan, wohnte allerdings in Turin.

Ah, fast vergessen! Legt auch ein Stück Polenta in den Koffer, denn man kann im Leben nie wissen …

Zu lesen zu eurem Lieblingsstück.

Meins ist *Guilty* von Gus Kahn, und der gesamte Soundtrack von Yann Tiersen zu *Die fabelhafte Welt der Amélie.*

ABSPANN

Weil die Funne ein Märchen sind, eine wahre Geschichte, ein Roman und ein Film, aber vor allem, weil die Funne die beste Polenta der Welt kochen. Ich weiß, ich werde so viele Leute bei meiner Danksagung vergessen, die ich liebe, Freunde, die wie Geschwister sind, Kollegen, alle, die mir, vor allem in den letzten beiden etwas halsbrecherischen Jahren meines Lebens zwischen Tragik und Komik, zwischen Märchen und Wirklichkeit, einer manchmal viel zu harten Wirklichkeit, geholfen, mich geliebt, gehätschelt, unterstützt, ermutigt und auf die Reise und in dieses Märchen begleitet haben. Zum Glück wissen sie auch alle, dass, wenn ich vergessen sollte, mich bei ihnen zu bedanken, das an einem anderen Problem liegt, dem des Gedächtnisses: Namen, Daten, Zahlen und Straßen. Daher ist es schon viel, dass ich es überhaupt geschafft habe, diese wundersame Reise zu beenden, ohne mich zu verirren, aber in dieser Geschichte war, vielleicht zum ersten Mal, die Richtung klar und auf magische Weise vorgezeichnet. Folglich ein Dankeschön vorweg an alle Leute, bei denen ich vergessen werde, mich zu bedanken, und die trotz all meiner Gedächtnislücken an mich glauben und immer hinter mir stehen, vor mir und im Flug auch über mir.

Da, nun habe ich es schon wieder getan, schon habe ich

ein bisschen den Faden verloren und kann mich nicht mehr genau erinnern, was ich gerade schreiben wollte. Aber ich probier's weiter. Fangen wir an.

Ruhe im Saal. Caterina, sei bitte leise, mein Liebes, Mamma muss sich konzentrieren.

Schwarze Leinwand, Musik im Hintergrund, ein Stück aus dem Soundtrack von *Die wunderbare Welt der Amélie* oder *Chocolat* oder ein Lied von Brassens, der das Schreiben dieses Märchens begleitet hat.

Jetzt erscheinen die ersten Zeilen …

TEXT UND REGIE VON
Der mit der gelben Mütze auf dem Foto.

SUPERVISION DES DREHBUCHS
Dank vor allem einem sehr, sehr großen Mann, der die Berge liebt, aber weit von ihnen entfernt lebt und gern eines Tages selbst mal ans Meer fahren würde. Emanuele Basile, der Herausgeber, ohne den es dieses Buch niemals gegeben hätte, der es verstanden hat, mich durch dieses Abenteuer zu leiten mit Freiheit, Sicherheit und einer Prise Magie. Eines Tages hat er mir gesagt: »Schreib einfach, wie du sprichst«, und jetzt, seht ihr, sitze ich immer noch hier und schreibe. Wegen diesem anderen Problem, dem mit dem »Mundwerk«.

Danke auch an Davide Valentini, Reisegefährte, brillanter Autor, der davon träumt, uns früher oder später alle zusammen ans Meer zu bringen und dort zu leben. Danke, weil du mir den Glauben daran geschenkt hast, dass das, was ich dachte, sah, schrieb, und auch wie ich es schrieb, irgendeinen Sinn haben könnte, eine Schönheit, und vor allem, dass es auch zum Lachen bringen könnte. Ohne dich hätte dieses Buch weder Groß- und Kleinschreibung, Punkte oder Kommas noch Grammatik im Allgemeinen.

Danke an das Lektorat, für die geduldige und kenntnisreiche Arbeit von Laura Gagliardi dafür, dass sie all diese erfundenen Wörter akzeptiert hat, ganz besonders »kikerikien«.

Danke an Gianni Rodari und Giovannino Guareschi. Für die Fantasie, die Leichtigkeit, die Ironie.

HILFE DER REGIE (ODER DER REGISSEURIN)
Danke an meine bizarre und außergewöhnliche Familie, Sergio, Grazia, Elena, die mich schon immer unterstützen zwischen Lachen und Streit, Diskussionen, Filmen, Bildern, Büchern, Musik und unterschiedlichen Meinungen. Dafür, dass ihr immer da seid, oder zumindest seit immer, für immer. Danke, Papa Sergio, dafür, dass du mir den Weg gezeigt und mich gelehrt hast, Wörter zu verhunzen und zu erfinden. Danke Mamma, dass Du mich immer korrigiert hast.

Danke, Caterina. Für dein Lächeln, deine Liebe zum Leben, deine ansteckende Fröhlichkeit, deine Geduld, deinen Mut, deine Kraft, deinen Blick auf die Welt.

Danke an meine liebsten Freunde, Lebensgefährten, Familie von gestern, heute und für immer, wohin ich auch gehe. An Roberto und Antonella, die mich mit Liebe und Leidenschaft wieder aufgerichtet haben und immer wieder aufrichten, wie an meine langjährige Freundin Claudia und meinen Schatz Fabrizio. An den Löser meiner informatischen und telekommunikativen Probleme Michele Moser, an Pantoufle Irene, für ihre Poesie und ihre Verrücktheit. Danke an meine Familie Eccel, Valentina und Emanuele und Kinder, an die liebe Erica und Familie.

Danke an den Ersten, der, als ich ihm die Geschichte der Funne erzählt habe, laut losgelacht und dann gesagt hat: »Du bist verrückt! Aber auf geht's«, an dich, Gabriele, der zusammen mit Valentina und Alberto wirklich die beste Jugend seid, die ich kenne. Danke an Nicola Falcinella, die mir mit ihren Ratschlägen gefolgt ist und meine Begegnung mit der Madonna geteilt hat. An meinen außerordentlichen Freund Lucio Mollica, der mir als Erster gesagt hat: »Das ist deine Geschichte.« An Daniele Filosi, von den Filosi aus Praso, der mich zum ersten Mal in seine Kraftwerke mit den *Uomini della Luce* mitgenommen hat, in die Kraftwerke von Mattia Pelli und die von Luca Bergamaschi, der mit mir den ersten Tag dieses Abenteuers begonnen hat, danke für die ganzen Ideen, die tausend Geschichten, die Träume, die zusammen realisierten Filme.

Noch ein Dank an die neuen Freunde/Kollegen meines neuen Lebens in der Stadt. Vor allem an den Meister Diego Volpi, für all die »Tag-auchs« und die Caffès jeden Morgen, für die unendlichen Stunden gemeinsamer Arbeit in der wundersamen Welt der Funne. Für die Erfindungen, Wahlen, Entscheidungen, die Wehwehchen und die Gemeinsamkeiten. Jetzt erwartet uns der wohlverdiente Pino Mugo am Meeresufer. Danke an Alessandro, der die Funne mit dem Bus ans Meer gebracht hat und jetzt wahrscheinlich uns alle und vielleicht auch den Film da hinfahren darf. Einen Kuss für Arturo und Carlotta. Danke an meine Leihfamilie Valentini, für die Fürsorglichkeit, die Zärtlichkeit, die Unterstützung. Danke Leo, Lotti, Maria, Giulia, Andrea, Emma, die Spielkameraden meiner Caterina und an alle, die noch so kommen.

CAST

Danke an die Funne, an die überragende Präsidentin des Seniorenclubs »Rhododendron«, Erminia Losa, ohne die es diese Reise nie gegeben hätte. Danke für deine Zähigkeit, deinen Mut, deine Kraft und deine kriegerische Art zu lieben. Danke für die Sanftheit von Jolanda und danke für die Leichtigkeit von Armida. Danke für das, was wir erlebt haben, mit Freude und Müdigkeit, danke für all die belegten Brötchen, weil ich es nie geschafft habe, Mittag zu kochen, dafür, dass ihr all die Verspätungen und die Stunden der Dreharbeiten ausgehalten habt. Danke für die Diskussionen, das Lachen, die Träume und all die Polenta-Essen. Danke, dass ihr bis auf den Grund geglaubt habt. Für die Ankunft am Meer bei der Madonna della Neve. Dafür, dass ihr mir zugehört und mir vertraut habt. Dass ihr mich als Enkelin und Tochter aufgenommen und mit mir Freude, Gefühle, Entscheidungen und Schmerzen geteilt habt.

Danke an Valeria und Graziella für die beste Polenta mit Geschnetzeltem der Welt. Danke an Pater Artemio für seine Flexibilität und an Carletto für seine Freundlichkeit. Danke an die Zärtlichkeit von Irma, Chiara und Amalia. An die Nettigkeit von Lucia und Teresa. An Enrichetta, Zita und Orsolina. An die Wollknäule von Valentina und

259

den Kater von Vitalina. Und Dank auch an Berta, Carmen, Maria Rosa und Caterina.

Und Dank an die Feuerwehrleute und den legendären Franco Ciccio, den besten Gesellschaftstänzer des Tals. Und den legendären DJ/Fotografen Jury.

An Massimo, Mann der Träume, an Alberto, den gelockten Enkel, Social-Media-Manager des Internets.

An den Hahn Beppo, dem es in Wirklichkeit prächtig geht und der unangefochten in seinem Hühnerhof regiert.

PRODUKTION

Danke an alle, die dafür gesorgt haben, dass eine winzig kleine Geschichte zu einem Märchen werden konnte.

Danke für die Unterstützung der Commune di Valdaone. Danke an den echten Bürgermeister von Daone, Ketty Pellizzari, an Giusy Tonini, an Ugo Pellizzari (den alten Bürgermeister von Daone, der in Wirklichkeit nie so herumgelaufen ist, um diese ganzen Leute zu grüßen) und allen Menschen aus Daone, die an uns geglaubt und uns unterstützt haben.

Ein herzliches Dankeschön an Ketty und Giusy dafür, dass sie von Anfang an, an jenem Wintertag in Erminias Küche vor der Polenta Carbonera, an diese verrückte Idee geglaubt haben.

Danke an Giorgio Butterini und die Comunità delle Giudicarie für die Unterstützung.

Danke an Hydro Dolomiti, die diesen Traum mit Energie unterstützt haben.

Danke an Ingegnere Cattani, der meine Reise im wahrsten Sinne des Wortes mit seinem Licht erleuchtet hat, mir Vertrauen geschenkt und immer an uns geglaubt hat. Danke an Annamaria Frisinghelli.

Danke an die Trentino Film Commission, an die Druckerei Trento, an Giampaolo Pedrotti, an das Assessorato alla Cultura della Provinica di Trento, an Isabella Andrighettoni und Claudio Martinelli, an Laura Zumiani, die von der Universität ist und mir sagt, ich solle Komödien schreiben.

Danke an die EiE film aus Turin, dass sie an diese Geschichte geglaubt haben und sie mit uns zusammen zu einem echten Märchen gemacht haben. Mit dem Wunsch nach tausend weiteren gemeinsamen Reisen. Die nächste geht Richtung Gurro.

Danke an Giulio Arcopinto für seine Aale, an Vincenzo und Simone, deren Namen ich ständig verwechsele. Entschuldigt.

Danke an Robert Zuber, der an dieses Abenteuer geglaubt und uns nach Kroatien gebracht hat. Danke an die außerordentliche Heidi Gronauer, die mir Robert vorgestellt hat. Danke an Vanja Jambrovic und Tibor Keser, die mit allen Mitteln versucht haben, in Kroatien zumindest ein bisschen Sand aufzutreiben.

Danke an Montura. An Roberto Giordani und Roberto Bombarda für die Leidenschaft und die Unterstützung und all die kommenden, gemeinsamen Abenteuer.

An Discovery Italia, weil die Funne auch ins Fernsehen kommen werden.

LOCATIONS
Danke an alle Orte dieser Geschichte. An die Kurve am

Hotel-Ristorante Eden Richtung Roncone, wo die Reise begonnen hat. An die grünen Berge, wild, rau, still, magisch. An den Sommerregen, der auf das Dach prasselt, an das leise Fallen der Schneeflocken. An den Duft der Wälder und des Holzes, an die Magie des B&B von Daniela, das von Zwergen und Feen bevölkert wird, in einem Wald aus Birken.

Danke an Daone, diesen Zeit und Raum entrückten Ort. An den Seniorenclub »Il Rododendro« und das Rathaus. An die gigantische Staumauer. An die geheime Energie dieses Tals und seiner Wasser. Danke an die Dorffeste, die das Schönste überhaupt sind.

Danke an Aladins Grotte für die erfüllten Wünsche und diejenigen, die noch erfüllt werden.

Danke an das Meer Kroatiens und die nach weißen Blumen duftende Insel Ugljan. Ein magischer Ort, auch entrückt, der uns in der Morgenröte schweigend mit seiner Madonna della Neve erwartete.

Danke an die Berge und Seen des Trentino. An dieses Schwimmbad gegenüber dem See von Levico mit den Enten. Danke an Turin, meine neue Stadt. An die Mole, an den Lesezirkel, an mein geheimes Zimmer. An dieses grüne Samtsofa.

MUSIK
Danke für die Musik, die mich auf dieser Reise inspiriert und getragen hat. Von Brassens bis Mozart, von Tiersen bis zum Soundtrack zu *Chocolat*.

Danke für die Poesie der Musik von Ezio Bosso, für die Titelmelodie der Funne, komponiert von Matej Mĕstrović, und die ansteckende Fröhlichkeit der Musik von Andrea Gattico.

Danke an Norma und meine ganze Musikerfamilie mütterlicherseits, an die Tanten und Cousinen und meine Schwester für die Unterstützung und weil eure Musik schon seit immer meine Visionen untermalt.

CATERING

Ein ganz besonderer Dank an alle, die uns mit Brot, Liebe und Fantasie (und einer ordentlichen Erhöhung des Cholesterinspiegels) genährt haben in all diesen Jahren der Mittag- und Abendessen im Val di Daone. Danke an das Ristorante La Valle, an Agritur von Bianca und vor allem an die vielen Bars am Rand der Welt, wie die von den beiden extravaganten alten Herren an einer der vielen Kurven, die nach Daone führen, die Bar Panorama. Die Herren verleihen, nach dem Essen, Ferngläser, mit denen man das spektakuläre Panorama bewundern kann, das sich von ihrer Terrasse aus bietet. Wenn ihr mal da vorbeikommt, sagt ihnen, ich hätte euch geschickt.

SCHNITT

Danke an meine kleine Tafelrunde, die die Teile meines Lebens aufrechterhalten haben, also das wirkliche, das, wenn ich die gelbe Mütze absetzen muss.

Danke an die außerordentliche Annelise Filtz, Alberto Trentin, Martina, Lorenzo Dorigatto, Leonardo und Miriam, Massimo Pezzedi, Renzo Tomasi, Roberto De Laurentis.

Ein herzliches Dankeschön für die Unterstützung und

die kostbare und unbezahlbare Fürsorge von Giuseppe Raspadori, Rita Colucci und Carmelo Fanelli. Danke an meine Ärzte Fausto Boller und Antonio Tobia.

FOTOGRAFIE
Danke an Rudy für die einzigartige letzte Einstellung.

Danke an die »Uomini della luce«, über die ich dieses Tal kennengelernt habe, den Seniorenclub »Rhododendron« und die Funne.

Danke an Antonio Costa, der mich inspiriert und angeleitet hat. Echt jetzt, wenn ich mit der Liste anfange, kriege ich eine Krise, verliere den Faden und finde kein Ende und das Buch muss in den Druck.

Danke für Licht, Fotografie und die Bilder von Nicola Cattani, Simone Cargnoni, Massimo Giovannini und Riccardo Russo.

Dank an Laura Carbonara für den tollen Umschlag und alle Menschen bei Mondadori, die, ohne dass ich sie kennengelernt habe, an meinem Buch gearbeitet haben.

Ein riesiges Dankeschön an alle meine anderen Freunde und Kollegen, die weit weg leben, aber für immer in meinem Familienalbum kleben.

An Nicola Betta, Milena und Giacomo dafür, dass es euch gibt. An Lorenzo und Juliane Hendel für die Geschichten, die Poesie und die Freundschaft. An Eddy und Stefano, an Guido Casali und Gioia Avantaggiato.

Danke an meine Freundinnen Chiara Nicoletti, Chiara Coller und Chiara, unsere Nachbarin in Turin. An Annalisa und Maura, meine Schauspielfreundinnen. An Fausto und Adele. An die vielen lieben Freunde aus Trient:

Andrea Tombini, Diego, Ugo Pozzi, Luciano und Valerio Oss. An einen Blonden, der kommt und geht. An Claudia, Paolo und Giulia, an Elena, Gian und Marta, an meinen Buchhändler, meinen Tabakladenbesitzer und meine Nachbarn, Ugo und Aldo, für die Pflege des Gartens und der Blumen zu Hause und für den ganzen Rest.

An Rosa, die Caterina gezeigt hat, wie man Blumensträuße macht und die uns mit Zärtlichkeit erfüllt.

MAKE-UP und FRISUR

Danke an Sonia Migliorati und ihren Damensalon für die unzähligen Lockenwickler, die Plaudereien und die Frisuren und dafür, dass sie mir hin und wieder die Haare gemacht hat. Sie sagt, ich muss den Spliss rausschneiden.

LIZENZEN und RECHTE

Danke an Stefania Alfano und Claudia Scheu.

PRESSESTELLE

Einen Dank an die ganze Presse, die uns überrascht hat, begeistert und verfolgt bei diesem Abenteuer, unsere Geschichte zu erzählen. Danke an Federico Taddia, danke für die Freundlichkeit von Dany Mitzman von der BBC, an Pina von Radio Deejay, an Mara Miceli von Radio Vatikan, an Rttr und die lieben Freunde Paola Siano und Giordano, wir erwarten eure Wunder. Ein ganz besonderer Dank geht an das Koreanische Fernsehen, denn wir hätten nie gedacht, dass die Funne bis nach da unten dringen könnten. Oder da oben.

Ein herzliches Dankeschön an die Madonna della Neve, die sich bei dieser Geschichte wirklich reingehängt hat, auch bei mir.

»FUNNE – Le ragazze che sognavano il mare« gibt es auch als Film. Armida lädt euch ein, ein »Leik« auf ihrer »Faissbuck-Seite« zu hinterlassen und ihren Abenteuern im »Internett« zu folgen (www.funne.it)!

Bildnachweis

Daone: aus dem Film »Funne« von Katia Bernardi

Tombola im »Rhododendron«: aus dem Film »Funne« von Katia Bernardi

Der Kalender der Träume: aus dem Film »Funne« von Katia Bernardi

Das Shooting: aus dem Film »Funne« von Katia Bernardi

Armidas Rosenkranz: aus dem Film »Funne« von Katia Bernardi

Frauen auf Werbetour: aus dem Film »Funne« von Katia Bernardi

Tanz: Foto von Katia Bernardi

Funne on air: aus dem Film »Funne« von Katia Bernardi

Ciao Internett: aus dem Film »Funne« von Katia Bernardi

Ein Telefongespräch mit dem Papst: aus dem Film »Funne« von Katia Bernardi

Frauen im Interview: aus dem Film »Funne« von Katia Bernardi

Auf dem Weg zur Insel: Foto von Valentina Lovato

Das Meer ist unser: Foto von Katia Bernardi

Wie groß das Meer ist: Foto von Davide Valentini

Die Madonna della Neve: Foto von Davide Valentini

Die Frauen auf der Titelseite: Foto von Valentina Lovato

Funne on the beach: aus dem Film »Funne« von Katia Bernardi

Ciao, ciao mare: aus dem Film »Funne« von Katia Bernardi

Mit nackten Füßen im Traum: Foto von Katia Bernardi

Um die ganze Welt des
GOLDMANN-*Sachbuch*-Programms
kennenzulernen, besuchen Sie uns doch
im **Internet** unter:

www.goldmann-verlag.de

Dort können Sie
nach weiteren interessanten Büchern *stöbern*,
Näheres über unsere *Autoren* erfahren,
in *Leseproben* blättern, alle *Termine* zu Lesungen und
Events finden und den *Newsletter* mit interessanten
Neuigkeiten, Gewinnspielen etc. abonnieren.

Ein *Gesamtverzeichnis* aller Goldmann Bücher finden
Sie dort ebenfalls.

Sehen Sie sich auch unsere *Videos* auf YouTube an und
werden Sie ein *Facebook*-Fan des Goldmann Verlags!